国家软科学研究计划项目（2014GXS4D111）成果

新科技革命背景下中国企业OFDI研究

XINKEJI GEMING BEIJINGXIA
ZHONGGUO QIYE OFDI YANJIU

潘家栋　肖　文　陈　昊◎著

人民出版社

前　言

改革开放四十年，我国经济高速发展，总量跃居世界第二位；对外开放提速增效，已经成为资本净输出国。然而，我国经济亦面临着“成长的烦恼”，经济增长如何更好地依靠创新驱动、对外开放如何全面推进、经济发展与生态文明如何协调、区域发展如何更加平衡等一系列问题对我国经济可持续发展提出了新的挑战。

党的十九大报告明确指出，我国经济社会发展进入了新时代，经济增长应当坚持质量第一、效益优先，坚持新发展理念，建设现代化经济体系，推动质量变革、效率变革、动力变革。具体而言，国内应当以供给侧结构性改革为主线，加快实施创新驱动战略，建设创新型国家，推进区域协调发展；国外以“一带一路”建设为重点，加强创新能力开放合作，形成陆海内外联动、东西双向互济的开放格局。归根结底，经济增长的永恒动力在于科技进步，不论是对内的结构性改革还是对外的开放新格局，最终落脚点都是在于转变经济发展方式、转换经济增长动力，从要素驱动、投资驱动转向创新驱动、效率驱动，而新一轮科技革命为我国经济增长更好地依靠科技进步提供了契机。

当前，世界正处于第六次科技革命前夜，以信息网络、新兴制造、新能源和新材料等为标志的新科技革命浪潮即将席卷而来，大数据、云计算、人工智能等新兴产业蓬勃发展，全球产业结构正处于深刻变化之中，全球价值链将被重构。我国应充分把握此次新科技革命的契机，优先发展新材料、新能源等战略性新兴产业，率先与新科技革命实现产业“对接”。

自2002年全面实施“走出去”战略以来，中国对外直接投资（OFDI）以年均25%的增长率实现持续、激进式扩张，并以高于中国GDP增长率2—3倍的发展速度引起国内外学者瞩目。对外直接投资对于我国获取国际技术溢出、开拓海外市场、提高企业经营管理水平等方面都发挥着巨大作用。加速搭建对外直接投资这座桥梁，渗透进发达国家先进制造业和高新技术产业集群，汲取其产业内“高、精、尖”技术前沿，并通过消化吸收返回母国，以技术反哺企业，以创新拉动转型，最终实现我国产业结构的优化升级，促进我国产业迈向全球价值链的中高端。

本书紧紧围绕“新科技革命背景下中国企业OFDI”这一中心，从新科技革命和OFDI的经典理论出发，以“价值链重构”和“产业结构调整”为分析切入点，依托新科技革命背景下的中国企业OFDI驱动机制与战略决策机制，重点研究企业OFDI与新科技革命耦合的内在机理。在此基础上，研判中国OFDI历史与现状，并选取美国、日本、韩国作为分析对象，对标比较发达国家OFDI的先进经验。其次，针对性地研究技术寻求型、市场寻求型和多重混合型这三类不同驱动机制下的OFDI战略形成原理，并辅之以计量建模和案例分析等实证研究，进一步研究探索三种驱动机制下的企业OFDI如何适应科技大变革。再次，本书聚焦民营企业OFDI、企业集群式对外直接投资模式及“一带一路”建设，以专题形式研究新科技革命背景下这些时代特征对于中国企业OFDI的影响。最后，提出新科技革命背景下中国企业OFDI所面临的机遇与挑战以及新科技革命背景下中国企业

OFDI 的战略选择与保障体系。

本书共分为五篇十三章，具体结构如下：

第一篇是理论篇，阐述新科技革命与 OFDI 的理论基础，并剖析两者之间的耦合机制。包括第一章和第二章。

第一章为新科技革命与 OFDI 的基础理论。梳理新科技革命和对外直接投资的经典理论，为新科技革命下中国企业 OFDI 发展奠定理论基础。在此基础上，以我国 OFDI 为对象，研究我国 OFDI 的动因、区位选择及母国效应等。最后，以时间轨迹为线索，研究科技革命引领对外直接投资的演进，为后续研究提供历史线索。

第二章为新科技革命与企业 OFDI 的耦合机制。阐述了新科技革命外生推动下，欧美制造业回归和服务业外包引致的全球价值链重构机制，以及产业结构调整机制。分别探讨了技术寻求、市场寻求和资源寻求型 OFDI 的母国效应。同时，在明确不同动机母国效应的基础上，讨论了其产业结构调整与价值链提升机制。最后，从发达国家和发展中国家两个角度，分析了新科技革命外生推动下企业 OFDI 演化机制。

第二篇是经验篇，研判中国对外直接投资的流量及存量，并分析对外直接投资的区位选择、产业布局等；同时，选取美国、日本和韩国进行对标比较，提取发达国家对外投资的先进经验。包括第三章和第四章。

第三章为我国 OFDI 现状特征与区位分布。选取我国 OFDI 宏观数据，评价我国对外直接投资的现状及总体的特征，并就此分析我国对外直接投资的区位选择及产业分布。在此基础上，对我国东部地区、中部地区、西部地区和东北地区的 OFDI 进行研判，最后分析我国 OFDI 所存在的问题和短板。

第四章为发达国家 OFDI 的对标比较研究。选取美国、日本、韩国等发达国家作为比较对象，分析这些国家对外直接投资的发展历程、现状以及所呈现的特征，并提取可供我国借鉴参考的先进经验。

第三篇是专题篇，主要是针对技术寻求型、市场寻求型和多重混合型对外直接投资进行理论研究、实证检验和案例分析，为新科技革命下我国企业不同动机 OFDI 的战略选择提供逻辑线索。包括第五章、第六章和第七章。

第五章为新科技革命背景下中国企业技术寻求型 OFDI 研究。首先构建了新科技革命背景下中国 OFDI 的逆向技术溢出机制，并对逆向技术溢出模型做了一个简单的扩展；其次，基于逆向技术溢出机制和模型，运用 IVFE 方法，对我国 OFDI 逆向技术溢出进行了计量模型实证研究；最后，基于上述研究，选取联想收购 IBM 案例进行分析，总结技术寻求型 OFDI 的经验启示。

第六章为新科技革命背景下中国企业市场寻求型 OFDI 研究。区分了夕阳产业市场寻求 OFDI 和服务业市场寻求 OFDI，描述我国夕阳产业转移和服务业对外投资的现状；并分别剖析了夕阳产业转移促进我国产业结构升级的机制以及服务业对外投资促进我国产业结构升级的机制。在此基础上，运用钱纳里基本模型，对上述两个机制分别辅之以计量模型实证研究，并辅之以天利纺纱项目（毛里求斯）案例，分析市场寻求型 OFDI 的经验启示。

第七章为新科技革命背景下中国企业多重混合型 OFDI 研究。定义了多重混合型的概念，在此基础上运用 CCPIT 问卷数据，对我国企业多重混合型 OFDI 行为进行了分析。通过 FSTS、NI、OSR 和 FSR 等指标，测算了我国企业多重混合型 OFDI 国际化经营程度；基于“不均衡理论”，探讨了多重混合型 OFDI 的全球要素配置问题。最后，选取印尼东固液化天然气项目作为案例，分析了新科技革命下多重混合型企业 OFDI 的经验启示。

第四篇是专题篇，主要聚焦于民营企业 OFDI、企业集群式对外投资模式及“一带一路”建设，以专题形式对这些我国企业对外直接投资的新特征、新模式、新契机进行研究。包括第八章、第九章、第十章。

第八章为新科技革命背景下中国企业 OFDI 的集群模式研究。以产业集群理论为切入口，探讨我国企业集群式对外直接投资的理论基础，并就此提出集群式对外直接投资所具备的优势。在此基础上，从境外经贸合作区发展的维度出发分析我国企业集群式对外直接投资的未来方向。最后，通过泰中罗勇工业园的典型案例来论述企业集群式对外直接投资的优势。

第九章为新科技革命背景下中国民营企业 OFDI 研究。民营企业已经成为我国对外直接投资的主力，本部分首先分析我国民营企业对外直接投资的历史阶段以及现实特征。其次，结合民营企业发展轨迹，剖析新科技革命对民营企业对外直接投资的影响路径。最后，选取吉利收购沃尔沃这一典型案例，来探讨新科技革命下民营企业 OFDI 所呈现的动机转变等。

第十章为新科技革命背景下“一带一路”建设与企业 OFDI 研究。“一带一路”建设是我国对外开放的重点，会对我国企业 OFDI 产生影响。本部分将剖析“一带一路”建设的重点，并指明“一带一路”倡议对我国开放经济发展的影响路径，尤其是探索“一带一路”建设对我国企业 OFDI 所提供的新条件。在此基础上，辅之以海航集团并购新加坡 CWT 的案例进行论证说明。

第五篇是策略篇，主要分析新科技革命背景下中国企业 OFDI 的机遇与风险，并针对技术寻求型、市场寻求型和多重混合型 OFDI 提出新战略，最后探讨新科技革命下中国企业 OFDI 的保障体系。包括第十一章、第十二章和第十三章。

第十一章为新科技革命背景下中国企业 OFDI 的机遇与风险。从我国经济发展新时代、国际金融改革等层面分析我国企业 OFDI 新机遇，并指出新科技革命背景下我国企业 OFDI 需面对经济风险、金融风险、政治风险、文化风险、环境风险等，并从政府层面、企业层面、区位选择、行业选择提出我国企业 OFDI 的新思路。

第十二章为新科技革命背景下中国企业 OFDI 的新战略研究。根据技术寻求型、市场寻求型和多重混合型 OFDI 的机理、实证与案例，从投资动机、区位选择等方面提出新科技革命背景下中国企业 OFDI 的新战略。

第十三章为新科技革命背景下中国企业 OFDI 的保障对策。本部分将探讨企业 OFDI 的保障体系，包括制度环境保障重点是完善投资政策体系、产业政策保障重点是提升产业发展质量、财税金融保障重点是破解企业融资难题、研发创新保障重点是搭建科技中介市场、专业人才保障重点在于加速尖端人才培养。

本书研究的创新之处主要有以下三点：

一是以新科技革命为大背景，研究中国企业 OFDI，并阐述两者之间的耦合机制，颇具新意。新科技革命和 OFDI 都是当前学术界研究的热点话题，且都具有较为完善的理论体系。然而，鲜有研究从新科技革命的视角来探讨中国企业 OFDI 发展，并且对于新科技革命和 OFDI 的理论探索明显不足。据此，本书以新科技革命为大背景，研究中国企业 OFDI 发展，丰富了现有的研究体系。并以全球价值链重构为切入口，基于 OFDI 的母国效应来探索新科技革命对于 OFDI 的影响机制，包括发达国家 OFDI 和转型及新型工业化国家 OFDI。

二是将企业 OFDI 分解为技术寻求型、市场寻求型和多重混合型，来研究新科技革命背景下不同动机对外直接投资的发展。一般而言，企业 OFDI 的动机包括市场寻求和技术寻求，但随着我国经济社会发展进入新时代，对外直接投资也将呈现新的特征，即兼具市场寻求和技术寻求等多重动机，本书将此定义为多重混合型 OFDI。针对这三类异质性动机的 OFDI，本书通过机理分析、实证检验和案例研究进行分析，并就此提出新科技革命背景下不同动机 OFDI 的新战略。值得一提的是，在多重混合型 OFDI 研究中，采用的是与 CCPIT 联合调研的数据来进行分析，更具备微观层面的合理性。

三是以专题形式来研究对外直接投资的集群模式、民营企业对外投资及"一带一路"建设在新科技革命背景下所呈现的新模式、新特征及新契机，并由此研判企业 OFDI 发展的新策略。改革开放四十年，我国对外直接投资逐渐以民营企业为主力，具有新特征；延伸国内产业集聚，发挥产业集群优势，形成了集群式对外直接投资的新模式；当前以"一带一路"建设为重点，给企业对外直接投资带来了新契机。在新科技革命背景下，这些新特征、新模式和新契机是否会呈现新的发展动态值得研究。据此，本书开辟三个专题来对此进行研究，并选取吉利收购沃尔沃、泰中罗勇工业园及海航并购 CWT 等案例进行论证，以此更好地研究新科技革命背景下中国企业 OFDI 的发展。

目录

新科技革命背景下中国企业OFDI研究

第一篇　理论篇

第二篇　经验篇

第三篇　实证篇

第四篇　专题篇

第一篇

理 论 篇

第一章　新科技革命与OFDI的基础理论

第一节　新科技革命的演进及特征

科技革命是科学革命和技术革命的统称，是指引发科技范式以及人类的思想观念、生活方式和生产方式的革命性变化的科技变迁。许多科技史学家认为，自16世纪以来，世界上先后发生了五次科技革命（见表1.1）。

表1.1　16世纪以来五次科技革命历程

科技革命	大致时间	主要内容	习惯用名
第一次	16—17世纪	近代物理学的诞生	第一次科学革命
第二次	18世纪中后期	蒸汽机和机械革命	第一次技术革命
第三次	19世纪中后期	电力和运输革命	第二次技术革命
第四次	20世纪上半叶	相对论和量子论等	第二次科学革命
第五次	20世纪中期 20世纪中后期	电子技术和自动化 信息技术和网络化	第三次技术革命 第四次技术革命

资料来源：根据五次科技革命发展进程进行整理。

第一次科技革命发生在16—17世纪，它以近代物理学的诞生为重要标志，这个时期的科技革命主要表现为各科学领域的开创性发现。第二次科技革命发生在18世纪中后期，其标志是蒸汽机与机械革命，所以又被称为蒸汽革命。蒸汽机的广泛使用成功地解决了工业化发展中的动力问题，这次变革将人类从工场手工业带入到机器大生产时代。第三次科技革命发生在19世纪中后期，其标志是内燃机与电力革命。在这一时期，内燃机和电动机逐步取代蒸汽机，创造了电力与电气、汽车、石油化工等一大批新兴产业，同时大幅提升了机械、冶金等产业的发展水平，工业文明由此成为世界发展的主流。这次科技革命的主要发源地美国完成了汽车、飞机和无线电三大发明，推动美国跃升为世界第一经济大国。第四次科技革命发生在20世纪上半叶，以进化论、相对论和量子论等为代表。其中，量子理论的建立、半导体物理和材料研制的进展以及现代计算机理论模型的提出等科技突破，极大地推动了集成电路和电子计算机的发展，奠定了现代信息产业的基础，人类由此从电气时代跨入电子时代。而进化论从理论上奠定了现代生物技术的基础。第五次科技革命发生在20世纪中期和中后期，以电子计算机的发明、信息网络技术的出现为重要标志，表现为电子技术、计算机、半导体和自动化乃至网络的产生，人类由此从电子时代跨入信息时代。

一、新科技革命的内涵特征

现阶段关于新科技革命（又称第六次科技革命）的讨论不绝于耳，其对产业革命，乃至世界经济格局的影响都不可估量。由此，关于新科技革命的内涵、经济效应、应对策略等问题，引发学术界广泛热议。目前，国内外学者对新科技革命的内涵莫衷一是，尚未形成共识。就新科技革命进步的主要方向，主要集中在以下几个方面：

第一，生命科学领域。2009年美国科学院发表研究报告《21世纪的新生物学：确保美国领导正在来临的生物学革命》，预测新一轮科技革命将在新生物学领域酝酿；2011年中国科学院中国现代化研究中心发表研究报告《第六次科技革命的战略机遇》，指出第六次科技革命有可能是一次新生物学和再生革命，将主要发生在生命科技、信息科技和纳米科技的交叉结合部。从科学角度看，它可能是一次“新生物学革命”；从技术角度看，可能是一次“创生和再生革命”；从产业角度看，可能是一次“仿生和再生革命”。何传启（2011）指出新科技革命将可能以生命科学为基础，融合信息和纳米科技，提供满足人类生活需要的最新科技。具体而言，新科技革命的“科学”部分涉及：整合和创生生物学、思维和神经生物学两个方向；“技术”部分涉及：生命和再生工程、信息和仿生工程、纳米和仿生工程三个方向；“关键技术”涉及：信息转换器技术、人格信息包技术、仿生技术、创生技术和再生技术等，总之通过以上的所有技术融合，人类将获得三种新的生存形式，即网络人、仿生人和再生人，实现某种意义上的人体永生。此外，何传启（2011）还指出除了生命科学领域，第六次科技革命还将带动材料科学和仿生材料、地球和环境科学等相关领域的学科发展。

第二，新能源领域。2011 年奥巴马政府发布了《美国创新战略——确保经济的增长与繁荣》，进一步明确了美国优先发展的重点领域，其中新能源及其相关技术是核心内容，美国政府将大力发展太阳能、风能以及地热能技术；此外还将通过建立能源技术创新中心，促进能源企业的发展，并投资下一代新能源汽车等措施发展清洁能源技术（詹鸣和王磊，2012）。白春礼（2014）指出可再生能源和安全、可靠、清洁的核能将逐步取代化石能源，在全球能源供给上发挥越来越重要的作用，此外，传统能源开采技术也将进一步得到提升，比如深部资源探测、海洋天然气水合物开采以及页岩气和页岩油开采等技术将不断得到提升和利用。另一方面，能源生产者和消费者的界限将变得模糊，每个家庭、每个建筑不再只是单纯的能源消费单位，而是能够参与能源生产，甚至能够输出能源的生产者。冯昭奎（2017）指出新能源技术发展有助于解决大量使用化石能源所引起的环境污染问题，这里的新能源技术包括煤炭清洁燃烧、太阳能电池、风电、储能技术、智能电网、电动汽车等。此外，新能源技术也有助于解决化石能源储藏在地理上不均衡引起的运输和交易乃至政治问题等，比如中东地区政局持续动荡的一个重要原因是那里储藏着大量石油。

第三，信息网络领域。在新一轮科技革命中，信息技术成为率先渗透到经济社会生活各领域的先导技术，将促进以物质生产、物质服务为主的经济发展模式向以信息生产、信息服务为主的经济发展模式转变，世界正在进入以信息产业为主导的新经济发展时期。[①] 白春礼（2014）指出云计算、大数据、虚拟现实、移动互联网、物联网等技术都将实现重大突破，这将对信息技术应用模式带来一场深刻的变革。以智慧城市为例，云计算技术将提供数据计算与处理综合平台，提升资源利用效率，降低智慧成本；大数据技术将“智慧”地处理城市积累及正在产生的海量数据，将其转化为有价值的信息；移动互联网技术、物联网技术将成为城市的神经，及时反馈各类信息。更为重要的是，新科技革命的几乎每一个领域都与信息技术“联姻”，几乎每一个创新成果都是借助信息技术之力得以实现和发展，这里的信息技术并不仅仅指电子计算机和互联网等传统信息技术，而是包括大数据、云计算、移动互联网等新一代信息技术，新一代信息技术与实体经济和制造业深度融合，推动了3D打印、人工智能、制造机器人等迅速发展（冯昭奎，2017）。

① 习近平：《让工程科技造福人类、创造未来》，《人民日报》2014年6月4日。

第四，新材料和数字化制造领域。材料和制造是人类文明的物质基础，新科技革命也催生着新材料和数字化制造领域的深刻变革。首先，在新材料领域，纳米材料、超导材料等新材料技术将广泛用于制造生产，比如石墨烯，它是目前最薄、最硬的纳米材料，电阻率比铜和银更低，其未来的应用领域还包括纳电子器件、光电化学电池、超轻型飞机材料等（白春礼，2014），比如碳纤维材料，大型钢压模和机器人焊接生产等将会随着碳纤维等新材料运用而在汽车领域逐步消失（王庭东，2013）。其次，在数字化制造领域需要关注的是 3D 打印技术和智能工厂，3D 打印技术利用散碎材料一层一层地根据 3D 图像或模型把产品"叠加"出来，所以又称"增材制造"，可以避免浪费材料（冯昭奎，2017）。无须机械加工或模具就能生成任何形状的物体，工厂将彻底告别模具、车床、钻头和冲压机等传统工具，这是对传统制造业的彻底颠覆，也为工业设计带来无限可能，而且绿色环保、无污染和无浪费（隋玉龙，2013）。智能工厂通过新一代信息技术与制造业深度融合，实现在网上作业，即使蓝领员工也不必每天到工厂报到而可就近上班或在家上班，同时根据机器开动程度的变化，实时地调整能源供应从而大幅减少能源消耗，提高生产效率（冯昭奎，2017）。

二、新科技革命的经济效应

每次科技革命和产业革命的到来都会对整个世界经济格局和国际经济关系产生重大影响（李琮，1991）。进入 21 世纪，经济竞争、社会进步、人民富裕和国家安全对科技创新的依赖进一步加深，科技创新已经成为推动引领经济社会发展的主导力量和保障国家安全的核心要素。

第一，新科技革命引发产业结构调整。纵观历史上的科技革命，蒸汽机的发明带来了纺织业、煤炭业和交通运输业的大发展；电力革命将电力行业、电器、交通和通讯业带入人们的生活；原子能、信息技术、空间技术的发展更是创造出了核工业、电子计算机工业和航空航天业。毫无疑问，即将来临的新科技革命也必然会促使产业结构新模式的出现（方民生，1984）。刘桔林（2013）指出全球产业结构在新科技革命引导下，主导产业的占有率正不断降低，而新兴产业的比率在逐渐增加。其中，发展较快的国家，都是依靠科学技术发展经济，美国正逐渐形成以信息技术为主导的技术支撑集群；日本在“科技创新立国”的战略下，使日本的产业组成也发生了巨大的变化；欧洲共同体借助科技发展战略，加快科学技术产业化速度，促进产业结构逐渐完善。赵若玺和徐治立（2017）指出新科技革命引发的产业变革具有四个突出的特征：生产方式侧重制造数字智能化；能源结构以可再生能源互联网配置为主体模式；应对生态环境的危机成为产业变革的重要动力；生命科学成为开拓新型绿色产业文明的重要基础。

第二，新科技革命将影响国际投资行为。科技革命与世界现代化是相互促进的（何传启，2011），从经济学角度来说，世界现代化意指商品、信息、资本和服务等生产要素在全球范围内流动、创新以及配置。国际直接投资作为全球资本流动的显著内核，与科技革命有着千丝万缕的联系。王庭东（2013）指出新科技革命推动了欧美发达国家制造业回归，这意味着发达国家高级稀缺要素从全球市场向发达国家回流，这对中国传统要素集聚模式，即以低端要素被动吸引高端要素，以承接发达国家外包、接受 FDI 为主的要素集聚模式构成冲击；但另一方面，金融危机后发达国家“内包业”的兴起也为中国企业“走出去”对外进行大规模投资与兼并活动创造了历史性机遇。

第二节　OFDI 的经典理论

对外直接投资（Outward Foreign Direct Investment，以下简称 OFDI）理论的研究对象是跨国公司的对外直接投资行为。自 20 世纪 60 年代开始，发达国家跨国公司对外直接投资迅速发展，引起学者广泛关注与研究，并形成一系列理论；20 世纪 80 年代后，发展中国家对外直接投资的兴起对传统对外直接投资理论产生极大挑战，并由此引发对发展中国家对外直接投资的理论探讨。

一、发达国家 OFDI 理论

1. 垄断优势理论

美国学者海默（Hymer，1960）在其博士论文《国内企业的国际化经营：对外直接投资研究》中，提出了“垄断优势理论”，这一理论主要回答了这样一个问题：一国跨国企业的分支机构为什么能够与东道国企业进行有效的竞争，并能长期生存和发展下去。海默用“垄断优势”对该问题进行了解答和阐释，他认为跨国企业之所以要进行对外直接投资，是因为它拥有比东道国企业更有利的垄断优势，从而在国外进行生产可以赚取更多的利润。这种垄断优势可以划分为两类：一类是包括生产技术、管理与组织技能及销售技能等一切无形资产在内的知识资产优势；一类是由于企业规模庞大而产生的规模经济优势。“垄断优势理论”开创了对外直接投资理论研究的先河，继海默之后，金德尔伯格（Kindleberger，1969）和凯夫斯（Caves，1971）又对该理论进行了补充，最终形成 H-K-C 体系。

2. 产品生命周期理论

美国经济学家维农（Vernon，1966）提出了“产品生命周期理论”，该理论也是基于垄断竞争优势理论的隐含假设，是国际直接投资区位选择的重要理论。维农指出产品在市场上呈现周期特性，可分为三个阶段，即产品创新阶段、成熟阶段和标准化阶段。而这三个阶段在不同技术水平的国家出现的时间各不相同，各个阶段与跨国企业的区位决策、出口或国外生产决策均有联系。为最大化产品竞争优势，利用不同阶段在不同国家间的出现时差，跨国公司可以将不同的生产阶段布局到不同的东道国，从而利用生产技术等垄断优势获取最大生产利润。维农从产品生命周期的动态视角阐释了跨国企业对外直接投资的区位选择标准和动态变化，较好地解释了具备生产技术优势的跨国企业对外直接投资区位选择问题。

3. 内部化理论

自20世纪70年代中期开始，以英国里丁大学学者巴克莱和卡森（Buckley 和 Casson，1976）与加拿大学者拉格曼（Rugman，1980）为主要代表人物的西方学者，以发达国家跨国公司为研究对象，基于美国学者科斯的新厂商理论和市场不完全的基本假定，于1976年在《跨国公司的未来》一书中提出了内部化理论。该理论认为由于外部市场的不完全性，如果跨国企业将拥有的半成品、工艺技术、管理经验等“中间产品”通过外部市场进行交易，供需双方无论如何协调，也难以排除外部市场供需间的剧烈变动，因此就不能保证企业实现利润最大化。跨国企业通过对外直接投资的方式，在世界范围内建立生产经营实体，形成自己的内部交换体系，把中间产品交易从公开的外部市场交易转变为内部市场交易，从而解决企业内部资源配置效率与外部市场的矛盾。

4. 国际生产折衷理论

英国学者邓宁（Dunning，1977）在《贸易，经济活动的区位和跨国企业：折衷理论方法探索》中提出了国际生产折衷理论（OIL）。该理论的核心认为跨国企业开展对外直接投资必须具备：所有权优势、内部化优势和区位优势。其中所有权优势渊源于海默的垄断优势，是指跨国企业拥有的而其他企业没有的生产要素禀赋、生产技术工艺、商标品牌和管理经验等，它是企业国际化的基础；内部化优势渊源于巴克莱和卡森的内部化理论，是指拥有所有权特定优势的企业，为了避免外部市场不完全对企业利益的影响而将企业优势保持在企业内部的能力；区位优势是指某一国外市场相对于企业母国市场在市场环境方面对企业生产经营的有利程度。OIL 理论集合了垄断优势、内部化和区位选择等众多理论，被认为是国际直接投资理论的集大成者。

5. 边际产业扩张理论

日本学者小岛清（Kojima，1978）在赫克歇尔—俄林的资源禀赋差异理论基础上提出了“边际产业扩张理论”，其基本思想是对外直接投资应该从本国已经处于或陷于比较劣势的产业——边际产业依次进行。小岛清用边际产业扩张理论分析日本的对外直接投资行为，他认为在投资主体上，对外直接投资应该从本国的边际产业开始依次进行，所谓“边际产业”是指在本国内已经或即将丧失比较优势，而在东道国具有显在或潜在比较优势的产业或领域。在投资国别上，应关注相对落后的发展中国家，并要从差距小、容易转移的技术开始按次序地进行。在投资与贸易关系上，该理论主张日本对外直接投资所带来的不是替代贸易，而是互补贸易、创造和扩大贸易。这种对外直接投资特征最终表现为日本—亚洲四小龙—东盟—中国为顺序的“雁行模式”。

二、发展中国家 OFDI 理论

1. 小规模技术理论

美国学者刘易斯·威尔斯（Wells，1983）提出的“小规模技术理论”被认为是研究发展中国家跨国公司的开创性成果。他认为发展中国家跨国公司的竞争优势主要表现在三个方面，即拥有为小市场需要服务的小规模生产技术，这些企业普遍规模较小，采用小规模制造技术，企业管理费用低廉；更多的当地采购和生产具有民族特色的产品，为了适应东道国限制进口的政策和节约成本，发展中国家跨国企业尽量改进技术以适应东道国本地采购的要求，同时大量生产具有母国民族特色的特殊产品；低价产品营销策略，由于在商标品牌等方面远远落后于发达国家跨国公司，发展中国家跨国企业往往采用低价销售等市场策略占领市场。因而即使是技术不够先进、经营范围和生产规模较小的发展中国家跨国企业，也能够通过对外直接投资来参与国际竞争。

2. 技术地方化理论

英国学者拉奥（Lall，1983）在对印度跨国公司的竞争优势和投资动机进行了深入研究后，提出了“技术地方化理论”。与威尔斯的研究相似，拉奥认为发展中国家对外直接投资的优势来源于小规模生产技术、管理方式和市场技能，但与威尔斯有所不同的是，技术地方化理论更加强调发展中国家跨国企业优势的积累和动态化，它认为发展中国家企业技术的形成包含了内在的创新活动，这些创新活动来自于发达国家的技术扩散，来自于对产品和工序技术的改进，属于二次创新，正是这种创新活动给引进技术的企业带来了新的竞争优势，从而使发展中国家企业在当地市场和邻国市场具有竞争优势。从这个意义上来说，发展中国家因生产技术所具有的特殊优势并非一成不变，会因学习、消化和吸收等因素而不断动态演进。

3. 技术创新产业升级理论

坎特威尔和托兰惕诺（Cantwell 和 Tolentino，1990）针对 20 世纪 80 年代中期以后新兴工业国家和地区对发达国家的对外直接投资活动，提出了“技术创新产业升级理论”。他们认为：第一，发展中国家产业结构升级，说明发展中国家企业技术能力的提高和扩大，这种技术能力提高是一个不断积累的结果；第二，发展中国家企业技术能力提高与它们对外直接投资的增长直接相关。该理论重点针对发展中国家的技术变迁和技术积累进行考察，认为发展中国家可以通过技术能力的积累，向周边国家尤其是发展中国家进行成功的投资，并最终升级为向发达国家的上行投资。在这一过程中，利用技术地方化优势不断积累经验，提升跨国企业竞争优势，通过学习积累不断提高技术能力和创新水平，最终促进母国产业结构升级。

4. 一体化国际投资发展论

日本学者小泽辉智（Ozawa，1992）基于国家发展战略，将对外直接投资行为内嵌于母国经济发展的宏观背景中进行讨论，提出了一体化国际投资发展论。该理论在动态比较优势的理论框架下指出一国对外直接投资模式应根据母国经济发展阶段而进行调整，进一步的，该理论将发展中国家战略部署划分为四个阶段：第一阶段是吸引外商直接投资；第二阶段是外资流入并向海外投资转型；第三阶段是从劳动力密集型的贸易导向对外直接投资过渡到技术密集型对外直接投资；第四阶段是资本密集型资金流入和资本导向型对外直接投资交叉发展。与原有的发展中国家对外直接投资理论相比，一体化国际投资发展论较为明确地指出了政府在对外直接投资中的作用，并暗含对外直接投资区位选择应同时结合比较优势和国家战略资源追求动机。

5.“LLL”分析框架

马修斯（Mathews，2006）通过亚太地区跨国公司的典型案例分析，并引入“后发者”因素提出了“LLL”分析框架，用以解释亚太地区跨国企业通过组织创新而非技术创新来推动国际化进程的行为。该理论认为，作为国际化进程中的“后来者”，新兴国家跨国公司缺乏一定的企业竞争优势，但仍可以通过外部联系（linkage）、杠杆效应（leverage）和学习效应（learning）三条路径获取自身竞争优势。具体来说，后发者应具备全球视野，通过合资或者其他合作形式与领先者企业取得联系，并以此为杠杆融入全球化资源网络，进一步获取资源，并对获得的资源进行学习、消化和吸收，最终形成企业自身的竞争优势。该理论打破了传统国际直接投资理论中“企业国际化必须具备一定竞争优势”这一观点，为后发者迅速融入国际化网络、提高竞争优势提供了强有力的解释。

第三节　中国 OFDI 动因与母国效应

自 2002 年我国推行“走出去”战略以来，中国对外直接投资以年均 25%的增长率实现持续、激进式增长（肖文和周君芝，2014）。随着中国对外直接投资的迅猛发展，学术界对中国对外直接投资的研究日渐丰富，其研究焦点主要集中在：中国对外直接投资动因、区位选择和经济效应等三个方面（郑展鹏，2012）。

一、中国 OFDI 的动因研究

已有文献显示，中国对外直接投资主要基于自然资源寻求、市场寻求和技术寻求等目的，比如刘阳春（2008）通过问卷调查的形式探讨了中国对外直接投资动因，结果发现中国企业具有明显的向外寻求发展和寻求生存动机，如寻求市场动因、寻求自然资源动因和克服贸易壁垒动因等。

1. 资源寻求动机

李磊和郑昭阳（2012）对中国资源寻求的特性进行了研究，结果显示中国对外直接投资具有较强的资源寻求特质，其在发展中国家表现得更明显，此外中国对矿产的渴求要大于对石油的渴求。张娟等（2012）基于承包工程的典型中非网络关系研究了中国对非洲对外直接投资与资源寻求战略，结果发现：伴随着中国对能源和矿产的持续需求以及资源寻求战略的形成，非洲丰裕的自然资源提高了其对中国资本的吸引力，但是中国对非 OFDI 主要由国有企业推动，而国有企业的活动主要受到国家战略利益的驱动。宋勇超（2013）以资源寻求型 OFDI 为研究视角，利用 2003—2010 年中国 OFDI 面板数据对 OFDI 的资源寻求动机进行了实证检验，结果表明：资源寻求是中国对外直接投资的一个重要导向，东道国资源越充裕，中国向该国投资的积极性越高；中国资源寻求型对外直接投资的效果是显著的，通过对资源充裕国家进行直接投资，中国资源供给可以得到更有效的保障。

2. 市场寻求动机

王海军和宋宝琳（2013）基于市场和资源两种因素探讨了中国 OFDI 的投资动因，结果发现中国 OFDI 具有明显的市场寻求和资源寻求特征，中国 OFDI 受东道国绝对和相对市场规模的影响显著，双边贸易联系的增强、东道国市场开放程度的加深、温和的通货膨胀以及政治风险的降低对于中国 OFDI 的流入也具有积极影响。吴先明和黄春桃（2016）选取 2003—2012 年中国对 55 个东道国直接投资的面板数据，从逆向投资与顺向投资比较的视角探索中国企业国际化的动因，研究发现无论逆向投资还是顺向投资，中国企业均具有强烈的市场寻求动因和自然资源寻求动因。我国跨国企业向发达国家 OFDI 可以避免发达国家的进口配额、反倾销等贸易壁垒，而且可以针对当地市场的特点开发产品，为消费者提供更加便利和高质量的服务，从而提高竞争力开拓市场；发展中国家市场潜力巨大，而发达国家跨国企业的产品十分昂贵且服务难以跟上，这为中国企业进入当地市场提供了机会。

3. 技术寻求动机

不少海外学者认为中国 OFDI 怀揣着战略资产寻求的动机，特别是对于技术、品牌和管理的渴求，促使中国跨国企业向欧美发达国家开展跨国并购、建立海外研发中心（Buckley，2008；Ramasamy，2012）。祁春凌和黄晓玲（2013）通过 2003—2009 年我国对 16 个发达国家对外直接投资的面板数据分析发现，技术寻求是我国对高技术水平的发达国家进行直接投资的主要动机。同时，发达国家对我国技术转让和高技术产品出口的限制越多，我国对其进行的技术寻求型 OFDI 就越多。丁一兵和付林（2016）基于投资动机视角，通过 2005—2011 年中国对全球 45 个国家的对外直接投资面板数据和交互项实证，考察了中国投向发达国家、新兴市场国家、资源类国家和发展中国家获得的 OFDI 逆向技术溢出效应，研究结果表明，投向发达国家和资源类国家的 OFDI 带来的逆向技术溢出会显著促进中国技术进步，我国向发达国家 OFDI 存在明显的技术寻求动机。

二、中国 OFDI 区位选择研究

中国对外直接投资区位选择的研究，回答了这样一个问题，即中国 OFDI 区位选择的影响因素是什么？现阶段关于这方面的研究主要集中于三个方面：基于东道国宏观经济特征视角、基于东道国制度视角和基于母国内嵌视角。

1. 基于东道国宏观经济特征视角

主要探讨东道国宏观经济环境，如经济发展水平、劳动力价格、自然资源丰裕程度等因素对中国 OFDI 区位选择的影响。程惠芳和阮翔（2005）利用引力模型研究了我国对外直接投资区位分布的规律，结果表明投资国与东道国的经济规模总和、人均国民收入水平及双边贸易量与两国间的国际直接投资流量呈显著正相关，投资国与东道国的经济规模和经济水平越相似，两国之间国际直接投资流量越大。王胜和田涛（2013）将我国对外直接投资东道国划分为经济发达国家、资源丰裕类国家、新兴经济体及其他不包含资源丰裕类国家的发展中国家三类，利用引力模型分析了我国 OFDI 区位选择影响因素的国别差异。研究表明，影响我国 OFDI 对资源丰裕类国家区位选择的因素包括双边的经济总量和经贸往来的稳定性；我国对经济发达国家的 OFDI 是以突破与规避贸易壁垒以及开拓新市场为主要目的；影响我国对新兴市场经济国家与其他发展中国家 OFDI 的主要因素为东道国的投资自由程度及对外开放水平。邱立成和杨德彬（2015）利用 2005—2013 年中国上市公司对外直接投资的数据，实证分析了国有企业和民营企业在 OFDI 区位选择上的不同。研究结果表明：国有企业 OFDI 倾向于进入自然资源丰富的国家，尤其是发展中国家。而民营企业 OFDI 区位选择则主要受东道国市场规模和战略资产影响，其中对发展中国家的投资主要是为了获取市场，而对发达国家的投资主要是为了获取战略资产。

2. 基于东道国制度视角

主要讨论东道国政治、法律和经济制度，以及双边投资协定对中国 OFDI 区位选择的影响。宗芳宇和路江涌等（2012）实证研究了双边投资协定、制度环境和企业对外直接投资区位选择，结果发现双边投资协定能够促进企业到签约国投资，而且能够替补东道国制度的缺位，对于促进企业到制度环境较差的签约国投资的作用更大。景红桥和王伟（2013）的研究显示东道国市场主导型的金融体系对我国对外直接投资更具吸引力。王军和黄卫东（2016）基于我国 2004—2012 年对“一带一路”沿线国家的投资数据，分类检验政治、经济和法律三大类制度因素对我国 OFDI 区位选择的影响，结果显示经济制度质量对我国跨国投资的区位选择有明显的正向效应，法律制度质量对我国跨国投资的区位选择有明显的负效应，政治制度质量的影响则不显著。杨娇辉和王伟等（2016）基于 2003—2014 年中国 OFDI 区位分布的流量数据，使用面板分位数模型考察东道国制度风险与中国对外直接投资区位分布之间的关系，研究发现“制度风险偏好”很大程度上是由于中国 OFDI 更多地流向经济发展水平较低和自然资源更为丰富的区域造成的；当使用相对制度质量指标，并且控制东道国资本密集度与自然资源丰富程度的影响后，“制度风险偏好”消失。

3. 基于母国内嵌视角

主要分析的是中国内部宏观经济背景、母国特定优势以及微观企业内生动力催动下的中国 OFDI 区位选择问题。关于这方面的研究，裴长洪和樊瑛（2010）从“国家特定优势”角度开创了理论先河，他们认为国家特定优势是解释中国企业对外直接投资的基本理论依据，中国企业对外直接投资的基本优势是政府引导和服务，中国政府在进行政策引导和服务提供的过程中，会形成母国国家特定优势，这种优势将有助于中国企业形成企业自身的所有权优势、区位优势和内部化优势，最终共同形成中国企业的对外直接投资综合优势。肖文和周君芝（2014）同样指出国家特定优势令中国 OFDI 在区位选择方面呈现出特殊偏好：中国 OFDI 偏好自然资源、廉价劳动力、战略资产这三类资源禀赋丰裕的国家或地区。也有不少学者从我国微观企业出发探讨 OFDI 区位选择问题，余官胜和都斌等（2017）研究了中国“天生对外直接投资”企业的特征与影响因素，“天生对外直接投资”企业指的是成立短期内进行对外直接投资的企业，研究发现就业和资产规模较小、管理效率更高的企业有更大的倾向成为“天生对外直接投资”企业；而在区位因素中，对劳动成本较低及风险较低东道国进行投资的企业有更大的倾向成为“天生对外直接投资”企业。

三、中国对外直接投资的母国效应研究

已有研究显示，对外直接投资的母国效应研究主要包括以下几个方面：贸易效应、逆向技术溢出效应、就业效应和产业升级效应等。

1. 贸易效应

现阶段，关于 OFDI 之母国贸易效应研究，其讨论的焦点在于 OFDI 与母国出口贸易之间究竟是互补还是替代关系。其中，支持互补效应的研究：项本武（2009）使用 2000—2006 年我国对 50 个国家或地区直接投资和进出口的面板数据，实证检验了对外直接投资的贸易效应，结果发现中国对外直接投资与中国出口及进口均存在长期协整关系，在长期，中国对外直接投资对中国进出口的拉动作用相当大。张春萍（2012）的研究同样显示中国对主要东道国（地区）的直接投资具有明显的进出口创造效应。进一步的研究表明，OFDI 不仅推动了母国贸易规模增长，更能显著优化母国贸易结构，有效地促进我国零部件、机械设备等中间产品的出口增长（陈俊聪和黄繁华，2012）。支持替代效应的研究：王胜和田涛等（2014）基于扩展的引

力模型分析了我国OFDI的贸易效应，发现我国对外直接投资的贸易效应存在国别差异，其中我国对发达国家和新兴经济体及其他不包含资源丰裕类国家的发展中国家的直接投资，会减少我国对这些国家的贸易出口流量，即存在贸易替代。

2. 逆向技术溢出效应

国外学者对中国OFDI之逆向技术溢出效应研究展开了众多的实证讨论，Chen等人（2012）通过2000—2008年493家跨国公司的面板数据，检验了新兴经济体跨国公司在发达国家对外直接投资的逆向技术溢出效应，发现对外投资显著促进了母公司的技术创新能力。Li等人（2017）利用2002—2008年中国工业企业微观数据，检验了中国对外直接投资对母国产业效率的促进作用，结果表明跨国企业通过对外直接投资确实提高了企业自身的生产效率。赵伟和古广东等（2006）分别构建了中国对发达国家、新兴工业化国家和落后发展中国家直接投资的差异化逆向技术溢出理论机制，证实中国对外直接投资对我国技术进步作用已开始显现。仇怡和吴建军（2012）测算了我国对九个较发达国家直接投资的技术溢出效应，结果显示我国通过OFDI渠道获得的国外研发资本存量能给母国带来正的技术外溢效应。陈昊和吴雯（2016）构建了OFDI国别差异与母国技术进步的理论框架，实证结果发现我国向发达国家的OFDI能够获得逆向技术溢出，而向发展中国家的OFDI不能获得逆向技术溢出，但可以通过研发成本分摊效应促进母国技术进步。

3. 就业效应

于超和葛和平（2011）利用2003—2009年间中国25个省市的面板数据，实证检验了中国对外直接投资与国内就业的关系，结果显示中国对外直接投资与国内生产总值的比率与国内就业显著正相关，同时各地区对外直接投资对就业的影响不同。姜巍（2017）基于2004—2014 年行业面板数据，运用 GMM 方法对中国 OFDI 国内就业的总体效应与产业差异进行实证估计，结果显示 OFDI 对国内就业具有一定的促进效应，但存在滞后性；其中，第一、二产业 OFDI 对国内就业的影响具有不确定性，第三产业 OFDI 对国内就业在短期内具有较为明显的替代效应，随着时间的推移，第三产业的就业会不断增加。刘海云和廖庆梅（2017）对中国制造业 OFDI 存量分类型进行了测算，在此基础上考察了其对国内制造业就业的贡献率，研究发现 OFDI 显著扩大了国内制造业就业规模，并且这一贡献作用主要来自于垂直型 OFDI。不同技术水平制造业的 OFDI 就业效应存在差异，初级和高级制造业 OFDI 对国内就业有正向促进作用，而中等技术制造业 OFDI 对国内就业的影响不显著。

4. 产业升级效应

关于中国 OFDI 之母国产业升级效应的研究，目前主要包括分析 OFDI 对产业升级的作用机理和检验母国产业升级效应是否存在。汪琦（2004）认为对外直接投资对母国的产业结构调整存在正负双向作用，其中通过资源补缺、传统产业转移、新兴产业促长、产业关联和辐射等有力地推动产业升级，而产业间竞争以及国际收支平衡等方面又会对产业升级有负向影响。潘素昆和袁然（2014）从不同投资动机角度梳理了 OFDI 之母国产业升级机理，认为市场寻求型 OFDI 可以扩大国际贸易、转移传统产业；资源寻求型 OFDI 能够打破资源短缺对新兴产业发展的限制；技术寻求型 OFDI 可以获得先进的技术和充足的研发资金。赵伟和江东（2010）从产业转移、产业关联和产业竞争等三个视角构建了 OFDI 与母国产业升级的机理系统，并就中国典型省域进行了尝试性检验，结果显示对外直接投资对我国产业升级具有一定的正效应，且与区域 OFDI 规模呈明显的正相关关系。李逢春（2012）、杨建清和周志林（2013）的研究也得到了相似的结论。

第四节 科技革命引领 OFDI 的演进

科技革命与世界现代化是相互促进的①。从经济学角度来说，世界现代化意指商品、信息、资本和服务等生产要素在全球范围内流动、创新以及配置。对外直接投资作为全球资本流动的显著内核，与科技革命有着千丝万缕的联系。本节分别从第一次世界大战前、两次世界大战期间以及 20 世纪 50 年代以来三个时段，回顾科技革命引领下的对外直接投资历史。

一、第一次世界大战前的 OFDI

18 世纪中后期，第一次工业革命（亦称第二次科技革命）首先在英国发生，并迅速蔓延至荷兰、西班牙、法国等西欧各国。这一次技术革命开创了机器代替手工劳动的新时代，以英国为首的欧洲各国积累了大量的产业资本和金融资本，为这些国家对外直接投资奠定了雄厚的物质基础。如 19 世纪 20 年代，英国公司开始在巴西开采金矿，至 1850 年前后，英国已在欧洲很多个国家投资于矿产行业；19 世纪 30 年代，英国企业开始在澳大利亚、加拿大、西印度群岛开设分支机构；1850 年，德国电器制造企业西门子（Siemens）在俄国投资建立了分厂。这一时期国际直接投资主要表现为以欧洲为主要资本输出的单极化特征，而当时东亚的印度、中国、日本和北美的美国、

① 何传启：《第 6 次科技革命的主要方向》，《中国科学基金》2011 年第 5 期。

加拿大等国则是国际产业和商业资本输出的目标国。

19 世纪中后期，发源于美国和德国两大中心的第二次工业革命（也称第三次科技革命）席卷全球，这次技术革命以电气化为重要标志，再一次提升了各国企业的生产效率，大幅提高了各国的经济实力。19 世纪 70 年代之后，各个工业发达国家尤其是美国的大型企业，开始争相建立海外分支机构。在第一次世界大战前的 50 多年里，欧洲资本自由地流向澳大利亚、俄国、加拿大、美国等新经济体。在鼎盛时期，英国对外直接投资规模占其国内增加值的 10%，法国、德国、荷兰等国对外直接投资占其国内增加值也有较大比重（IMF，1997）。截至 1914 年，全球对外直接投资流出存量约为 144. 82 亿美元，主要的流出国为英国（45. 5%）、美国（18. 5%）、法国（12. 2%）、德国（10. 5%）。[①]

二、两次世界大战期间的 OFDI

两次工业革命的威力远未结束，由于科技革命极大地提升了资本主义列强的生产效率，各国亟须广阔的商品输出地；而第二次工业革命后，资本输出的诉求愈来愈强烈，因此可以说两次世界大战本身就是资本主义列强争夺商品输出、资本输出地的一个过程。

在第二次世界大战期间，国际直接投资的最大特征是美国对外直接投资急剧增长，而欧洲国家地位开始下降。第一次世界大战前，世界各国对美国的投资存量为 79 亿美元，美国对世界其他国家的投资存量为 35 亿美元（Lipsey，1999a），第一次世界大战后，美国对外直接投资增加，欧洲国家对美国投资减少，使美国逐步由战前的国际资

① 刘源超：《发展中国家对外直接投资的理论与模式研究》，北京大学博士学位论文，2008 年。

本净流入国变为资本净流出国，实现了由债务国向债权国的转变（张为付，2009）。反观欧洲各国，作为第一次世界大战的主战场，战后基础设施修复等使各国对外直接投资急剧萎缩；在第二次世界大战爆发前夕，欧洲各国大量抛售美国政府和企业债券为战争筹款，对外投资规模迅速下降。1918 年至 1938 年，在两次世界大战的间歇，欧洲跨国公司的海外业务大多停滞萎缩，由于美国公司的雄厚资本实力和技术领先，且美国在第一次世界大战中发了战争财，只有美国的海外投资进一步扩张，美国占全球对外直接投资流出存量的比例从 1914 年的 18.5%快速上升到 1938 年的 27.7%。①

三、20 世纪 50 年代以来的 OFDI

随着第二次世界大战结束以及第四次、第五次科技革命的兴起，电子技术和信息技术将世界紧紧联系在一起，经济全球化的趋势越来越明显。在这种背景下，国际直接投资呈现以下几个特点：

第一，美国对外直接投资地位进一步加强。两次世界大战使传统欧洲列强对外直接投资规模急剧下降，德国和日本基本丧失对外直接投资能力，美国积累了强大的资本和技术基础，一跃成为世界最大对外直接投资国，这一地位一直持续到 20 世纪 70 年代。

第二，20 世纪 70 年代后欧洲和日本对外直接投资复苏。随着战后欧洲各国经济的复苏，希望摆脱美国公司在资本、技术和管理上的控制与垄断，美国对欧洲的直接投资失去了第二次世界大战后外部良好需求环境，所以美国对欧洲各国对外直接投资规模出现明显下降。与之相对应的是欧洲跨国企业对美国投资的上升，战后崛起的日本也加入了对外直接投资行列，成为国际直接投资新的资本输出国。

① Dunning, *Explaining International Production*, London: Unwin Hyman Ltd, 1988.

第三，20 世纪 90 年代后发展中国家对外直接投资兴起。进入 20 世纪 90 年代后，虽然发达国家对外直接投资规模仍在上升，但速度放缓；而反观广大发展中国家，逐渐成为国际直接投资的新兴力量。如东亚的韩国、新加坡、中国的香港和台湾等新兴经济体，在“进口替代”与“出口导向”式的工业化战略引导下，内部工业化基本完成，逐步实现了从轻工制造业的外部转移到重化工业的对外直接投资。20 世纪 90 年代后，这些新兴工业国家和经济体开始在汽车、家电等制造业和服务业上对外直接投资，使这些国家和地区的跨国公司对外直接投资具有发达国家跨国公司的特征。

第五节　小结与评述

本章回顾了新科技革命与 OFDI 的基础理论，并梳理了科技革命引领下的国际直接投资行为演进，大致勾勒和建立了本书需要讨论的问题，即“新科技革命背景下中国企业 OFDI 研究”的理论框架和文献基石。

首先，从新科技革命的理论研究来看，现有研究主要从新科技革命的内涵特征和经济效应展开讨论，从新科技革命的内涵特征来说，已有文献认为生命科学领域、新能源领域、信息网络领域、新材料和数字化制造领域等是新科技革命产生和发轫的关键领域；从新科技革命的经济效应来说，新科技革命对全球产业结构调整和国际投资行为均产生不同程度的影响。其次，本章梳理了传统 OFDI 经典理论，它们包括垄断优势理论、产品生命周期理论、内部化理论、国际生产折衷理论、边际产业扩张理论、小规模优势理论、技术地方化理论、技术创新产业升级理论、一体化国际投资发展论、LLL 分析框架等，为本书的研究主题，即新科技革命下我国 OFDI 研究奠定了坚实的理论基础。再次，本章立足于中国对外直接投资实践，从中国 OFDI 的投资动因、区位选择和母国效应三个角度，梳理了中国 OFDI 研究的相关文献，研究表明中国 OFDI 的投资动因包括资源寻求、市场寻求和技术寻求等，区位选择的影响因素包括东道国宏观经济因素、制度因素和母国内嵌因素，而母国效应则包括贸易效应、就业效应、逆向技术溢出效应和产业升级效应。而且随着我国经济不断发展，OFDI 的动机也呈现出了时代变迁的新特征。最后，本章从第一次世界大战前、两次世界大战期间以及 20 世纪 50 年代以来三个时段，回顾了科技革命引领下的国际直接投资历史，为本书研究提供了历史脉络和现实基础。

从现有的研究来看，第一，不同理论之间缺乏贯通与耦合机制，这里的不同理论是指新科技革命理论和 OFDI 理论。现阶段，关于新科技革命的理论层出不穷，而 OFDI 理论的文献研究则更为丰富，但目前几乎没有研究将新科技革命与 OFDI 这两个看似独立的领域联系起来，新科技革命对中国企业对外直接投资行为是否存在影响？若存在影响，那么影响机制又是什么？如何从经验数据对这种影响进行实证检验？这些问题都是目前学术界尚未讨论、尚未证实，但确极具理论和现实意义的重要命题。第二，从单个理论内部来看，关于新科技革命理论和 OFDI 理论都尚未形成统一完整的研究框架和研究范式。以 OFDI 理论为例，作为一个相对年轻的研究领域，OFDI 理论受现实驱动而不断发展。从理论研究方面来看，研究内容非常丰富，但同时缺乏一个较为全面的理论体系。虽然邓宁的国际生产折衷理论被视为 OFDI 理论的主流方向，但本质上折衷理论是多重理论视角的综合，缺乏深刻的学理分析。反观其他 OFDI 理论，比如内部化优势理论，虽然能够给出深刻的学理分析，但由于缺乏多角度、多因素考虑，因此很难用其解释所有观察对象的对外投资行为，尤其是对发展中国家的企业对外投资，缺乏解释力度。可以说，OFDI 理论是随着现实问题不断发展演进的理论，当某种新的因素、新的现实环境对 OFDI 产生影响，我们就把这类因素纳入到 OFDI 理论的研究框架中，使之不断丰富，不断增加对现实问题的解释力度。

目前，世界正处于新科技革命前夜，以信息网络、新能源、新材料和数字化制造等为标志的新科技革命浪潮即将席卷而来，全球产业结构和国际投资行为正处于深刻变化之中。自 2002 年实施“走出去”战略以来，中国对外直接投资以年均 25%的增长率实现持续、激进式扩张，并以高于中国 GDP 增长率 2—3 倍的发展速度引起国内外学者瞩目。新科技革命对中国 OFDI 是否存在影响？影响机制是什么？中国企业 OFDI 应如何应对？带着这些问题，本书展开了新科技革命背景下中国企业 OFDI 的新战略研究。相较于现有研究，本书主要做了以下三个方面的改进工作。

第一，探讨新科技革命与企业 OFDI 的耦合机制。新科技革命与 OFDI 都已经具备较为完善的理论体系，但鲜有研究从理论层面来探讨两者之间的内在联系。然而，新科技革命的发生对于 OFDI 将产生重要影响，包括企业 OFDI 的动机转变、企业 OFDI 更为便利等。据此，本书将从全球价值链重构为切入口，基于 OFDI 的母国效应来探索新科技革命对于 OFDI 的影响机制，包括发达国家 OFDI 和转型及新型工业化国家 OFDI。

第二，从不同动机的 OFDI 来研究新科技革命的影响效应。我国企业 OFDI 动机主要包括市场寻求型、技术寻求型、多重混合型，不同动机的 OFDI 在新科技革命下将会产生差异化影响。本书以三种不同动机的 OFDI 为分析对象，通过机制研究和实证分析来研究新科技革命对三类不同动机 OFDI 的影响效应，并辅之以案例分析。尤其是本书构建了兼具市场寻求动机和技术寻求动机的多重混合型 OFDI，更加符合我国经济发展变迁的时代特征，并采用与 CCPIT 联合调研的数据来进行实证研究。

第三，从集群式对外投资、民营企业对外直接投资以及“一带一路”建设等视角开设专题，来研究新科技革命所带来的影响。改革开放四十年，我国对外直接投资产生了新特征、新模式，民营企业不断壮大成为我国 OFDI 的主力军，企业 OFDI 过程中依托产业集聚优势产生了集群式对外投资的模式。同时，当前我国对外开放以“一带一路”建设为重点，为企业 OFDI 搭建了重要平台。而这些 OFDI 特征及模式在新科技革命浪潮中是否会出现新的特征值得研究，所以本书开辟三个专题来对这三个问题进行重点探讨，以此丰富现有关于新科技革命与中国企业 OFDI 的研究。

第二章　新科技革命与企业 OFDI 的耦合机制

第一节　新科技革命背景下价值链重构与产业结构调整机制

一、新科技革命背景下全球价值链重构机制

根据联合国工业发展组织的定义，全球价值链是指为实现商品或服务价值而连接生产、销售、回收处理等过程的全球性跨国企业网络组织，涉及从原料采购和运输，半成品和成品的生产和分销，直至最终消费和回收处理的整个过程。在当前的全球竞争中，来自发达国家的跨国公司凭借知识产权控制、市场渠道控制、经营控制和建立企业间合作联盟等，形成了较强的国际市场势力，从而获取了全球价值链中的高额利润①，我国和广大发展中国家凭借廉价劳动力等低端要素，以及优惠税收政策吸引了众多发达国家的直接投资，实现了品牌、技术、先进管理以及高级人力资源等稀缺要素的集聚，但在商品或服务的整个产业链中，我国和广大发展中国家停留在加工制造等低层次，

① 张小蒂、朱勤：《论全球价值链中我国企业创新与市场势力构建的良性互动》，《中国工业经济》2007 年第 5 期。

因而在全球价值链中的地位处于末端位置。

1. 欧美制造业"回归"角度：价值链重构

2008 年国际金融危机的爆发，引致全球消费低迷，跨国公司利润"每况愈下"，欧美等发达国家纷纷利用新科技革命的契机，将重新振兴制造业作为应对发展中国家低端制造业竞争、实现就业与经济增长的重要手段。欧美制造业回归意味着原本产业"外包"向"内包"转变，也意味着高端要素从广大发展中国家回流，更意味着全球价值链的重构，即原本商品的设计、生产、销售和回收等环节遍布全球各地，未来可能只在发达国家内部集聚。比如，现阶段产品的设计和技术支持一般在发达国家，产品的制造更多的在发展中国家；而随着欧美制造业回流，可能会导致产品的设计和产品的制造均在发达国家内部集聚，以此造成全球产业链、价值链的重构。而新科技革命作为欧美制造业回归的重要技术前提，在以下三个领域推动全球价值链重构。

第一，数字化制造技术。新科技革命在数字化制造技术领域的典型代表之一就是 3D 打印技术。3D 打印技术是指通过连续的物理层叠加，逐层增加材料来生成三维实体的技术，因此又称为添加制造(Additive Manufacturing)。3D 打印技术最大的特点就在于任何高性能难成型的部件均可通过"打印"方式一次性直接制造出来，不需要通过组装拼接和消除材料等传统方法来实现，因此它无须机械加工或模具就能生成任何形状的物体，而且清洁、环保、无污染。如果 3D 打印技术广泛运用，工厂将彻底告别车床、钻头、冲压机等传统工具。此外，数字化制造技术的另一重要变革就是易用机器人的广泛使用，这将大大减少制造业生产过程中的劳动力投入。因此，原本出于本国能源消耗、劳动力成本高昂等因素而导致的发达国家制造业"外包"，由于数字化制造技术的显著发展，都将得到完美解决，进而推动欧美制造业回归以及全球价值链重构。

第二，新材料技术。21 世纪科技发展的主要方向之一是新材料的研制和应用，目前新材料研究领域主要包括：纳米材料、智能材料、能源材料、复合新材料和超导材料等。以往西方企业出于降低生产成本的目的，把部分产品的生产加工外包给一些发展中国家，但现在，当这些生产环节可以使用新材料、新工艺来加工生产的时候，曾经的传统制造材料与工艺便会逐步消失，如大型钢压模和机器人焊接生产等将会随着碳纤维等新材料、新工艺的运用而在汽车领域逐步消失。鉴于发展中国家缺乏新材料、新工艺制造技术，因此那些曾经转移到发展中国家的“高端制造业”环节会被跨国公司重新召回国内①。此外，新材料在低碳环保等方面的应用，显著降低了传统制造业污染严重等弊端。因此，新科技革命在新材料领域的变革，会显著推动欧美制造业回归进程。

第三，新能源技术。新能源（NE），又称非常规能源，是指传统能源之外的各种能源形式，目前主要应用包括太阳能、地热能、风能、海洋能、生物质能和核聚变能等，其中核能技术与太阳能技术是新能源技术的主要标志。欧美等发达国家通过对核能、太阳能的开发利用，打破了以石油、煤炭为主体的传统能源观念，开创了能源的新时代。原本出于污染严重、能源消耗大等因素的考虑，发达国家将传统制造业转移到亚洲、拉美等发展程度较低的发展中国家，随着新能源技术的开发与应用，这些问题都将“迎刃而解”。由此，可以说新能源技术极大地推动了欧美制造业回归，加速了全球价值链重构。

综上可见，新科技革命在数字化制造技术、新材料技术和新能源

① 王庭东：《新科技革命，美欧“再工业化”与中国要素集聚模式嬗变》，《世界经济研究》2013 年第 6 期。

技术领域的重大突破，使制造业生产摆脱了能源消耗大、环境污染重和劳动力投入多等弊端，这为欧美发达国家制造业回流提供了技术前提，而欧美制造业的回归使某些产品（比如汽车、机电等）的设计、原材料加工、生产、销售等环节都在发达国家内部集聚，原本发展中国家承接的加工制造环节也将不复存在。此外，新科技革命将促使制造业愈来愈“高端化”“智能化”，欧美等发达国家在产业链中的地位也会愈来愈高，这将造成全球制造业领域的价值链重构。

2. 欧美服务业“外包”角度：价值链提升

新科技革命在信息网络领域的重大变革在于：大数据（Big Data）时代的到来对于“大数据”而言，它不仅仅指数据量的累加，更重要的是通过挖掘数据、分析数据和利用数据获得“可行动的知识”，以此来指导具体行动。从目前“大数据”的发展来看，大数据对服务业，特别是金融业的影响最为深远。

第一，大数据在银行业的应用。大数据在银行业应用的成功案例之一就是IBM公司的超级计算机“沃森”，其第一份工作就是与花旗银行合作，进行信贷评级分析，帮助信贷员收集和处理客户资料，根据客户资料及行为习惯，分析得出客户的信用风险等级，供信贷员参考。

第二，大数据在资本市场的应用。资本市场（特别是组合投资）是大数据的主要应用场景，对于给交易者提供准确及时的预测，大数据挖掘是最佳工具。高频交易和算法交易是大数据挖掘在资本市场的典型应用。

第三，大数据在保险业的应用。现阶段，保险业市场已经开始通过海量数据的挖掘实现保险业个人量化的风险描述，而且这些因素已经开始影响保险定价决策。如汽车保险公司Black Box根据被安装在一辆车上的通讯工具箱接收到的数据来挖掘驾驶行为模式，从而对保险费用进行定价。

此外，大数据对物流、通讯服务、地产开发等其他服务业均有重要影响。比如在通讯服务领域（代表企业有中国移动、中国联通等），通过大数据可以了解不同消费者的需求：如上网流量需求、通话时长差异等，以此制定更好的套餐以满足不同的消费群体；在地产开发领域，透过大数据可以挖掘不同消费者在购买房屋时的要求，如层高、大小、采光、位置等，以此设计更加人性化的商业楼盘，提供更加对口优质的服务。

综上可见，大数据在服务业领域发挥着至关重要的作用，其在探测客户需求、风险管控和预测趋势等方面效果甚笃。欧美发达国家，特别是美国和德国是大数据技术的重镇，通过大数据技术，发达国家在服务业（特别是生产性服务业）领域独占优势，极大地推动了其服务"外包"的进程，进一步地提升了发达国家服务业在全球价值链中的地位。由此，在全球服务业这座金字塔中，若上、中、下三层分别代表发达国家、转型及新兴工业化国家、落后的发展中国家三类，则在新科技革命的催动下，塔尖的发达国家在整个价值链中所占的比重将越来越大，其服务业的国际地位将进一步上升。新科技革命下全球价值链重构机制可由下图 2.1 表示。

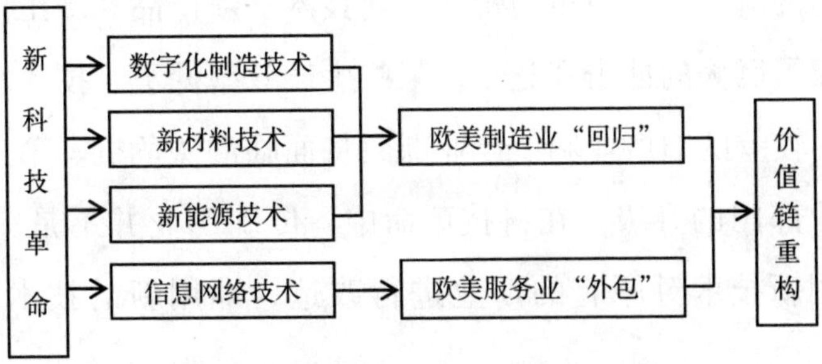

图 2.1　新科技革命下全球价值链重构机制

资料来源：作者根据机理绘制。

二、新科技革命背景下产业结构调整机制

1. 科技革命影响产业结构的一般机制

每次科技革命的发轫都会促使世界性产业结构调整，进而影响整个经济结构[①]。例如，第二次科技革命（又称第一次工业革命）催生了以蒸汽机制造业、一般机械制造业、交通运输业、煤炭采掘业和冶铁业等为核心的主导产业群，蒸汽动力技术的广泛应用、机械化生产方式的普及，使社会生产由传统手工工场时代转入到工厂大机器生产时代，自此开始了世界经济的工业化进程。第三次科技革命（又称第二次工业革命）催生了以电力工业、石油工业、内燃机制造业、钢铁工业、化学工业、船舶工业、汽车工业、航空工业和家电工业等为核心的主导产业群，电力的广泛应用使人类进入到了电气化时代。

一般而言，科技革命通过以下三条途径促进全球产业结构调整：第一，新产业和新产业部门的创立。科技革命通过新产品、新工艺、新能源、新材料的发明和利用，扩大了社会分工的范围，创造了生产活动的新领域，形成了新的生产门类和生产部门，这类产业往往具有极大的增长潜力，并迅速成为国民经济的支柱产业。第二，旧产业和旧产业部门的淘汰。科技革命带来了新技术、新产品和新工艺，对传统产业形成了巨大的冲击和竞争，某些生产效率低下、技术水平落后和产品质量较差的旧产业和旧产业部门将面临淘汰危机。第三，旧产业和旧产业部门的升级。在科技革命中，传统产业并不是完全被消灭，而是用新技术对原有的产业进行改造，即用新的技术、工艺、

① 李琮：《科技革命新高潮与西方经济的若干结构性变化》，《管理世界》1991年第5期。

装备改造原有产业，提高其装备水平，改变其生产环境，优化其生产手段，带动原有产业的产品更新换代或质量提升，甚至创造出全新的产品，这些改造过的传统产业以新的面貌出现在新的产业结构之中。

由此，可以看到科技革命将使整个产业结构建立在一个新的技术基础之上，使产业结构的内涵、质量、层次均跨上一个新的台阶，达到新的水平，突破新的高度。

2. 新科技革命下产业结构调整机制

通过科技革命对产业结构影响的一般机制分析发现，科技革命通过三条途径对产业结构调整与升级产生作用，即新产业创立、旧产业淘汰和旧产业升级。这里从这三个途径入手，分析新科技革命背景下产业结构调整机制。

第一，新科技革命下新产业创立。目前，理论界关于新科技革命的进步方向主要涉及四大领域，即生命科学、新能源、信息网络、新材料及数字化制造技术。由此可以预测，上述四个领域将是未来全球的新兴产业及重点发展产业。关于这一点，从各个国家的政策已可初见端倪：美国在 2011 年 2 月颁布的《美国创新战略》中特别指出了美国优先发展的重要产业，包括：清洁能源技术、生物技术、纳米技术、医疗技术等；欧洲“2020 战略”也将绿色能源、信息通信技术等作为未来发展的重要产业；日本第四期科学技术基本计划也推出了绿色创新和生命创新等一系列重要课题。由此可见，在新科技革命的催动下，生命科学产业、新能源产业、信息通信产业、新材料产业等将是未来的新兴产业和重点发展产业。

第二，新科技革命下旧产业淘汰。首先，理论界普遍认为新科技革命的重要内涵之一在于绿色新能源技术的开发与应用，其在工业制造部门的广泛应用将大大降低能源消耗与环境污染。传统工业制造部门以消耗大量石油、煤炭等为基础的增长方式将难以为继，这类产业在新能源革命“绿色、节能、环保、无污染”的冲击下，或将逐渐消弭与淘汰。其次，新科技革命另一动向在于数字化制造技术的发明与创造，其中3D打印技术和易用机器人的广泛使用，使得工厂无须模具、车床、钻头等传统工具，这类技术的创造也将使工业制造的某些人工环节逐渐消失。

第三，新科技革命下旧产业升级。当然，科技革命下旧产业的完全消失并不多见，更多的则是旧产业在新技术的冲击和引领下实现转型升级，以适应市场竞争。首先，新科技革命在新能源技术的应用，使得传统工业的能源供应部门发生翻天覆地的变化，新能源技术将取代石油、煤炭，成为工业生产的主要动力，实现动力机制的转型升级；其次，数字化制造技术，特别是3D打印技术，使得传统工厂某些人工环节（如制造模具、车床加工、钻孔等）逐渐消失，实现生产过程的智能化；最后，新科技革命在信息网络等领域的突破使得物流、金融、地产开发等生产性服务业愈来愈往“高端化”发展，以此推动服务业升级。新科技革命下产业结构调整机制可由图2.2表示。

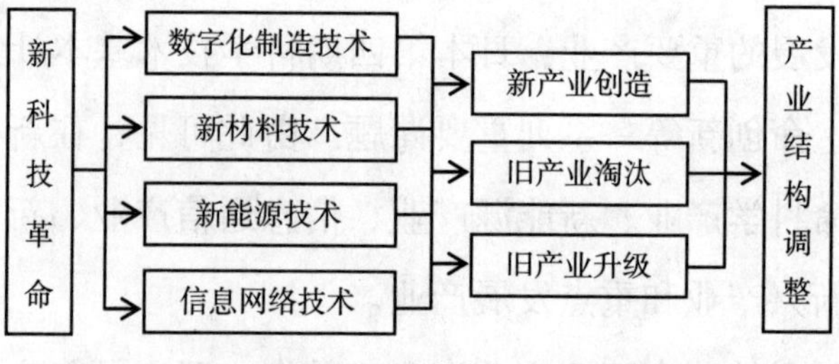

图2.2　新科技革命下产业结构调整机制

资料来源：作者根据机理绘制。

第二节 不同驱动机制下企业 OFDI 母国效应比较分析

一、技术寻求型 OFDI 母国效应

对外直接投资作为获取国外技术溢出的重要渠道越来越受到广泛关注，联合国贸发会议（UNCTAD）在 2005 年《世界投资报告》中就曾指出：OFDI 所引致的研发活动对于提升以专利申请来衡量的母国国内技术创新能力具有积极影响①。技术寻求型 OFDI 主要通过以下三条途径获得逆向技术溢出。

第一，研发要素吸收机制。跨国公司通过合资、兼并等方式在东道国进行直接投资，在此过程中通过跟随模仿、资源共享、人员交流等方式不断汲取东道国企业研发要素（生产技术、工艺等），以此获得东道国企业最先进的知识并把握技术前沿和动态。

第二，研发成果返回机制。在研发要素吸收的基础上，一方面，跨国公司将所汲取到的知识、技术、生产工艺等反馈给国内母公司，以此带动母公司技术升级；另一方面，跨国公司将新的知识、技术运用于新产品的开发与研究，并将最新研究成果返回母国企业。

第三，研发人员培养机制。人力资本的流动也是技术扩散乃至溢出的重要途径，跨国公司主要通过以下途径培养高技术人才：（1）向

① 陈菲琼、钟芳芳、陈珧：《中国对外直接投资与技术创新研究》，《浙江大学学报（人文社会科学版）》2013 年第 4 期。

合资、兼并企业中的核心技术人员学习以获取先进技术；（2）与东道国科研机构、高等院校交流或联合培养等方式学习宝贵知识。

通过以上三种途径，技术寻求型 OFDI 能够获得逆向技术溢出，但研究表明，母国的消化吸收能力是对外直接投资获得技术溢出的前提条件①，要通过母国人力资本的消化吸收作用，将逆向技术溢出成功转移至母国企业。

以上，完成了跨国企业与母国企业之间的技术反哺效应，在对外直接投资的企业完成了公司层面的逆向技术溢出之后，国内母公司与同产业其他企业的竞争与合作，可能会与处于同行业中的上下游企业产生产业关联效应。这种关联会使其对相关公司的产品质量、技术和性能提出较高要求，因此对国内其他企业产生溢出效应，从而提高整个产业的技术水平，实现产业层面的技术外溢。技术寻求型 OFDI 母国效应具体可由图 2.3 来概括。

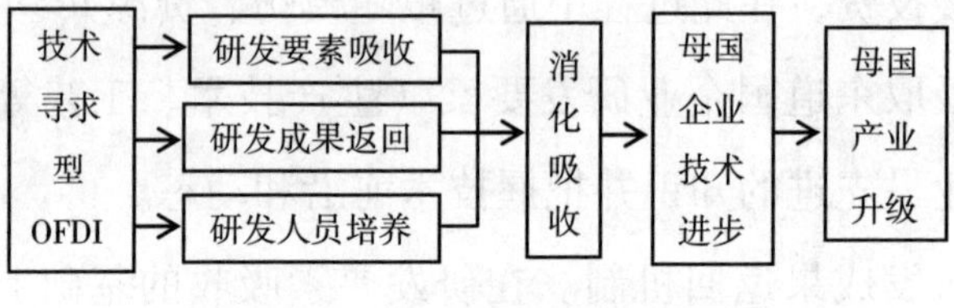

图 2.3　技术寻求型 OFDI 母国效应

资料来源：作者根据机理绘制。

二、效率和市场寻求型 OFDI 母国效应

日本和欧洲等众多发达国家，韩国和中国台湾等新兴工业化国家和地区的对外直接投资历史显示，其海外投资历经劳动密集型产业→

① 茹玉骢：《技术寻求型对外直接投资及其对母国经济的影响》，《经济评论》2004 年第 2 期。

资本密集型产业→技术密集型产业的转变，这种转变的背后，隐藏着海外效率寻求的动机。而美国、日本等发达国家则在服务业领域（如金融保险、地产、商务服务等）大量投资于同类发达国家和新兴工业化国家，其中则蕴含着市场寻求的目的。通过效率和市场寻求型 OFDI，可以有效地转移边际产业或者提高服务业地位，并最终推动母国产业结构优化升级，具体途径可概括如下：

第一，夕阳产业转移。纵观各国经济发展的历史，每个产业都要经历一个由成长到衰退的演变过程，即初创阶段→成长阶段→成熟阶段→衰退阶段，一般来说，处于衰退阶段的产业通常称之为夕阳产业或者边际产业。由于各国经济基础、技术水平以及人力资本的差异，在母国某产业可能属于夕阳产业，但在发展程度较低的某些东道国，该产业可能正值蓬勃成长阶段，因此在这些东道国，该产业有着广阔的市场空间和消费需求。此时，在国内已经衰退的产业可以通过效率寻求型 OFDI，将这类产业投资于发展程度较低的国家。通过夕阳产业转移，母国可以将即将衰退的产业淘汰或转移，以促进产业结构的优化和升级①。比如说，随着中国经济的发展，某些传统产业如纺织、食品、轻工等已经进入产品生命周期的后期，国内市场相对饱和，潜在需求不足。通过对外直接投资将这类传统产业转移到发展程度较低的落后国家，我国就可以集中有限的资源和空间，从事高新技术产品的研发和生产，促进高新技术产业发展，从而带动产业结构调整，实现产业升级。

第二，服务业“走出去”。发达国家和新兴工业化国家经济基础好，工业制造业发达，因而在生产性服务业领域（如金融、商务服

① Kojima, K., *Direct Foreign Investment: A Japanese Model of Multi-National Business Operations*, London: Groon Helm, 1978.

务、物流等）存在巨大的市场潜力，通过对这些国家服务业领域的市场寻求型 OFDI，一方面可以在东道国学习到先进的企业管理经验，另一方面可以促进母国服务业的发展，提高服务业在三次产业中的地位，推动母国产业结构优化升级。比如说，我国对美国的对外直接投资中，金融业所占比重最大；对欧盟的对外直接投资中，租赁与商务服务业占比最大，而对这些地区服务业的海外投资，往往是出于市场寻求的目的。市场寻求型 OFDI 母国效应具体可由图 2.4 来概括。

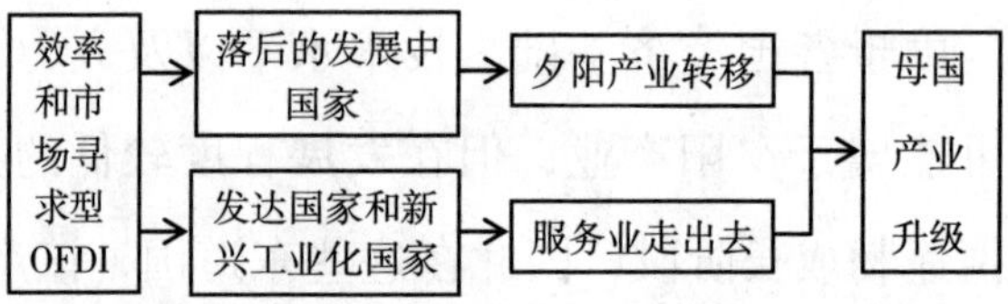

图 2.4 效率和市场寻求型 OFDI 母国效应

资料来源：作者根据机理绘制。

三、资源寻求型 OFDI 母国效应

石油、煤炭和矿产等自然资源是工业赖以生存和发展的基础动力，诸如日本和韩国在对外直接投资早期，都把海外投资的触角伸向自然资源领域。资源寻求型 OFDI 的母国效应主要有重工业化效应和出口拉动效应两方面。

第一，重工业化效应。在工业化的初期，由于对石油、矿石等自然资源的需求量较大，母国海外投资倾向于通过资源寻求型 OFDI 获取国内企业生产所需的自然资源，为国内重化工业发展提供有利条件，在这一过程中国内制造业中的重工业获得了大量必需的生产要素，在规模效应规律的作用下迅速发展，其产值和要素产出都得到大幅提升，反映在现实中便是母国实现了重化工业化的过程①。

第二，出口拉动效应。资源寻求型 OFDI 会带动母国上下游产业的对外出口。具体来说，一方面，由于资源开采，如采矿、采煤等需要相关开采设备，因此会增加上游开采设备制造业的对外出口；另一方面，通过资源寻求型 OFDI，将国内工业发展的矿产资源返回母国，会带动下游工业制成品部门的生产，增加其出口规模②。资源寻求型 OFDI 母国效应具体可由图 2.5 来概括。

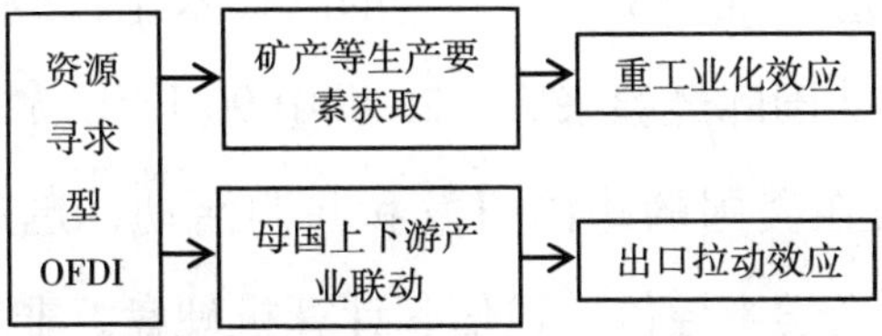

图 2.5　资源寻求型 OFDI 母国效应

资料来源：作者根据机理绘制。

第三节　OFDI 母国效应下产业结构调整与价值链提升

一、OFDI 母国效应下产业结构调整

上文分析了不同驱动机制下企业 OFDI 的母国效应，可以发现技术寻求型 OFDI 和市场寻求型 OFDI 均从不同角度促进母国产业升级，

① 江东：《对外直接投资与母国产业升级：机理分析与实证研究》，浙江大学博士学位论文，2010 年。

② 潘素昆、袁然：《不同投资动机 OFDI 促进产业升级的理论与实证研究》，《经济学家》2014 年第 9 期。

本节结合美国、德国、韩国等发达国家及新兴工业化国家经验，具体梳理了母国效应下产业结构调整机制。

第一，技术寻求型 OFDI 母国效应下产业结构调整机制。跨国公司通过海外并购等方式，嵌入东道国高新技术产业集群，不断汲取先进技术和宝贵知识，通过研发要素吸收、研发成果返回和研发人员培养三大机制获得逆向技术溢出，并通过母国人力资本的消化吸收，返回母国企业并促进母国企业技术进步。与此同时，通过母国企业上下游的产业联动效应，推动整个产业链的高技术化，最终推动母国产业结构优化升级。从国际经验来看，20 世纪 90 年代以来，韩国的三星、LG、现代等公司在美国的跨国研发和并购活动，迅速提升了韩国在高清晰度电视、光学半导体、通信、计算机硬盘、非储存半导体等高技术高附加值领域内的技术水准；马来西亚 IT 产业的公司 Ingenuity-Solution 在对国外研发投资时，已将美国等发达国家的知识基础作为目标；新加坡的 Cordlife 公司于 2004 年收购了美国的 Cytomatrix 公司，在这一过程中，投资国的母公司都从中获得了相应的技术与专利，支持了国内企业的高技术化进程（UNCTAD，2005）。

第二，效率和市场寻求型 OFDI 母国效应下产业结构调整机制。随着一国工业化的不断发展，一国制造业往往集聚了大规模制造的巨大能量，大宗产品的国内市场趋于饱和，此外劳动力成本不断上升使原有的劳动密集型加工制造企业效益不断下降，由此将这类夕阳产业通过对外直接投资的方式不断转移至发展程度更低的国家，以寻求巨大市场，这对缓解母国产能过剩，推动母国高技术、高附加值的产业发展具有积极意义。从国家经验来看，20 世纪 60 年代美国国内劳动力成本上升，且国内市场趋于饱和，劳动密集型的半导体行业企业纷纷在中国香港（1961）、韩国（1964）、中国台湾（1965）、墨西哥

(1967)、新加坡(1968)、马来西亚(1972)、印尼、泰国、菲律宾(20 世纪 70 年代中后期)设立装配线，将装配环节移至国外，这使企业支付给员工的每小时工资及福利费用从国内的 8.76 美元下降到发展中国家子公司的 1.74 美元。德国在 20 世纪 70 年代中期以后通过 OFDI 的方式，将普通钢的炼钢设施迁往拉美和非洲，就地生产与销售钢材，扩大了国际市场的份额。

此外，服务业领域的对外直接投资大多基于市场寻求的目的，目前美国、日本的海外投资中，超过 50%的投资在服务业领域(如金融保险、地产开发等)，且大多集中在欧美等发达国家，这些国家金融体制完善、制造业发达，需要相应的配套服务设施，因而市场潜力巨大。近年来，我国海外投资中占最大比重的就是租赁与商务服务业，且绝大多数分布在中国香港、美国和欧盟等发达国家或地区，基于服务业领域的对外直接投资，有效提高了母国服务业在三次产业中的地位，增强了服务“外包”实力，推动了母国服务业产业升级和优化。

二、OFDI 母国效应下价值链提升

对于任何一个产业而言，其价值活动都可粗略地划分为三个环节：技术与资本密集环节(如研发设计、高级原材料生产、复杂加工和零部件生产等)、劳动密集环节(如简单加工和零部件生产、成品组装等)、信息与管理密集环节(如市场营销、管理运营、品牌运作、专业服务、金融服务、物流管理等)。

全球产业价值链是一条深凹的“U 型”曲线(也称为“微笑曲线”)。由于全球劳动力跨境流动存在诸多障碍，导致不同国家之间劳动工资水平的巨大差异，而资本等其他生产要素却可以自由流动，导致资本回报的平均化。这样，发达国家与发展中国家形成在全球生

产价值链中不同环节的分工，通常劳动密集环节布局在发展中国家，这些环节的劳动生产率较低，附加价值也较低，而劳动生产率较高的技术与资本密集环节和信息与管理密集环节则分布在发达国家，从而形成了一条深凹的“U 型”曲线。本节从技术寻求型 OFDI 和市场寻求型 OFDI 两个角度，分析其母国效应下的价值链提升机制。

第一，技术寻求型 OFDI 母国效应下价值链提升机制。跨国公司通过海外并购等方式，嵌入东道国高新技术产业集群，不断汲取先进技术和宝贵知识，通过研发要素吸收、研发成果返回和研发人员培养三大机制获得逆向技术溢出，并通过母国人力资本的消化吸收，返回母国企业并促进母国企业技术进步，这对母国企业从劳动密集环节向技术密集环节转变具有重要的推动作用。例如在 IT 产业中，劳动密集环节是电脑的组装，在上游环节中，附加价值更高的是线路板、显示卡等部件的生产，再往上游是芯片的生产、封装，附加价值更高。母国原有的技术水平不足以支撑线路板、显示卡等高附加值环节的生产，通过技术寻求型 OFDI，获得发达国家先进的生产技术，母国企业可以从加工制造这一劳动密集环节向技术密集环节转型，由此推动母国价值链提升。

第二，效率和市场寻求型 OFDI 母国效应下价值链提升机制。从夕阳产业转移角度来看，效率寻求型 OFDI 将母国过剩产能和衰退产业（一般都为劳动密集型产业）转移至落后的发展中国家，因而具有足够的产业空间和优势资源发展高新技术产业和战略性新兴产业，这对一国从劳动密集环节向资本、技术密集环节提升具有重要意义。从服务业“走出去”角度来看，通过在发达国家和新兴工业化国家的服务业“外包”，可以在物流、金融、信息咨询、商务服务等领域建立有影响力的国际品牌，能够有效提高一国服务业水平和质量，这对一国价值链向信息与管理密集环节提升具有重要意义。比如说，在传统的劳动密集型产业如服装业中，成衣的生产附加价值最低，向产业的下游推进，物流、国际营销、品牌经营的附加价值则显著提高。因此，随着母国服务业水平不断提高，可以从原本的成衣制造这一劳动密集环节向下游的物流、国际营销等信息与管理密集环节转型，以此提升母国价值链。

第四节　新科技革命外生推动下的企业 OFDI 演化机制

根据上文分析，新科技革命通过影响欧美制造业“回归”和欧美服务业“外包”，进而加速全球价值链转变；新科技革命通过推动新产业部门的创立、旧产业部门的淘汰以及旧产业部门的升级，进而促进全球产业结构调整。随着新科技革命下全球价值链和全球产业结构的调整，各国对外直接投资模式会朝何种方向演进，这是本节想要重点回答的问题。

一、发达国家 OFDI 演化机制

发达国家是新科技革命孕育的摇篮和温床，同时又被新科技革命深刻影响。新科技革命为欧美等发达国家制造业回流提供了技术前提，推动了全球价值链重构，进而开启了发达国家企业 OFDI 新模式。

第一，先进制造业回流：新兴工业化国家或发展中国家→发达国家。从 20 世纪 50 年代开始，出于能源消耗、环境污染以及效益下降等原因，美国、日本等众多发达国家不断将制造业转移到东南亚、拉

美等新兴工业化国家和发展中国家，着力发展服务业，造成了发达国家内部“制造业空心化”。随着新科技革命的到来，特别是在新材料领域、新能源领域以及数字化制造领域的重大突破，为先进制造业（主要是指具有高技术含量、高附加值、强竞争力的技术密集型制造业，比如通信设备、计算机及其他电子设备制造业，航空航天等高端装备制造业等）重新回归发达国家提供了强大的技术前提。因此，在新科技革命背景下，原本投资于新兴工业化国家或发展中国家的高端制造业将重新回流至发达国家。

第二，低端制造业转移：发达国家→发展中国家。新科技革命在技术领域的重大变革促进了技术密集型产业的发展，如上文所述的高端制造业，但诸如纺织、服装和食品等劳动密集型低端制造业，就目前而言，众多转型及新兴工业化国家（如中国、韩国等）都将这类低端制造业往发展程度更低的国家转移，因此出于劳动力成本、节能环保等因素的考量，发达国家需要将这类低端制造业往东南亚、拉美等相对落后的发展中国家转移。

第三，服务业走出去：发达国家→发达国家和新兴工业化国家。新科技革命在信息网络领域的重大进步，推动了生产性服务业（如金融保险、物流、地产开发、通讯服务等）“高端化”发展。发达国家和新兴工业化国家的工业制造业相对发达，对配套服务的需求相对强烈，因此，发达国家不断加强服务业，特别是生产性服务业在这类国家和地区的海外投资。

二、转型及新兴工业化国家 OFDI 演化机制

一般来说，转型及新兴工业化国家并不是新科技革命的发源地，但是在新科技革命的冲击下，全球价值链和产业结构都发生重大调

整，因此对转型及新兴工业化国家来说，有必要及时调整企业 OFDI 战略，以适应新科技革命，并推动母国产业升级和技术进步。

第一，先进制造业学习：转型及新兴工业化国家→发达国家。新科技革命推动了发达国家高端制造业的回归，并加速了发达国家高端制造技术的升级，因此通过向发达国家高端制造业领域的对外直接投资，汲取该领域的先进生产技术，能够有效地推动母国高端制造业的发展，对母国产业结构高附加值化、高技术化都具有促进作用。由此，在高端制造业领域，转型及新兴工业化国家应加强对发达国家的技术寻求型对外直接投资，通过逆向技术溢出的方式，促进母国技术进步和产业结构优化升级。

第二，低端制造业转移：转型及新兴工业化国家→落后发展中国家。众多转型及新兴工业化国家往往面临劳动密集型产业向技术密集型产业转型升级的挑战，对于纺织、服装等传统低端制造业，应加速向发展程度更低的发展中国家转移，以腾出更多的产业空间和优势资源，利用新科技革命的契机，集中力量发展高新技术产业和新兴产业，推动国内产业结构的优化升级。因此，转型及新兴工业化发展中国家应加强对落后发展中国家效率寻求型直接投资，通过边际产业转移的方式，将低端制造业向外转移，促进母国技术进步和产业结构优化升级。

第三，服务业走出去：转型及新兴工业化国家→发达国家和新兴工业化国家。一般而言，转型及新兴工业化国家普遍正在从第二产业为主向第三产业为主过渡，因此服务业的发展显得至关重要。发达国家和新兴工业化国家对配套服务的需求比较旺盛，通过对这两个地区的服务业直接投资，增强母国服务业水平和质量，促进母国服务业转型升级，提高母国服务业在国际分工中的地位，都具有重要意义。

第二篇

经 验 篇

第三章　中国 OFDI 现状特征与区位分布

第一节　中国 OFDI 现状及特征的总体分析

一、中国 OFDI 流量及存量

2002 年我国全面实施“走出去”战略，企业把握契机布局海外市场，不论是流量还是存量，我国对外直接投资额都快速增加。2005 年至 2016 年间，我国对外直接投资流量从 122.61 亿美元增加至 1961.49 亿美元，增长了 15.00 倍。同时，我国对外直接投资存量也呈现倍增式的上涨。2005 年至 2016 年，我国对外直接投资存量从 572.06 亿美元增加至 13573.90 亿美元，增长了 22.73 倍（如图 3.1）。流量指标和存量指标都反映了我国对外直接投资取得了长足发展，也间接说明我国“走出去”战略取得了积极成效。

更为重要的是，我国已经从资本净流入国转向资本净流出国，2014 年我国对外直接投资首次超过实际利用外商直接投资，具有里程碑意义，说明我国经济不断发展之后，我国经济实力得到大幅度提升，使我国在国际上的竞争力显著增强，由此促进了我国对外直接投资。2005 年至 2016 年，我国利用外商直接投资从 603.25 亿美元增加至 1260.01 亿美元，增加了 1.09 倍，而我国对外直接投资增

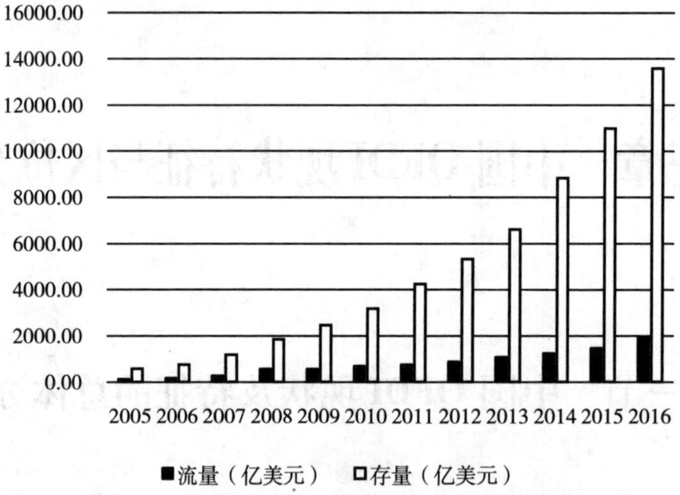

图 3.1　2005—2016 年我国对外直接投资流量与存量

资料来源：国家统计局数据库。

长了 15.00 倍，远远高于外商直接投资的增长幅度，所以使得对外直接投资超过了外商直接投资，我国正式迈入资本输出国行列（如图 3.2）。

图 3.2　2005—2016 年我国利用外商直接投资和对外直接投资额

资料来源：国家统计局数据库。

二、中国 OFDI 模式

新增股权一直以来是我国对外直接投资的重要构成，2006 年至 2016 年，新增股权金额从 51.7 亿美元增加至 1141.3 亿美元，增长了 21.08 倍。同时，新增股权在我国对外直接投资流量中所占的比重也显著提升，从 24.4%增加至 58.2%，超过了我国对外直接投资流量的一半（如表 3.1）。与此同时，当期收益再投资金额和债务工具投资金额也都呈现快速的上升趋势，当期收益再投资金额从 2006 年的 66.5 亿美元增加至 2016 年的 306.6 亿美元，增长了 3.61 倍，债务工具投资从 93.4 亿美元增加至 513.6 亿美元，增加了 4.50 倍。2016 年债务工具投资迅速增加，较 2015 年增加了将近 4 倍，说明我国对外直接投资的配资日趋多元化，而且企业对外投资也越来越会应用金融方案，反映了我国对外直接投资的效率不断提高。

表 3.1　中国对外直接投资流量构成表

年份	新增股权		当期收益再投资		债务工具投资	
	金额（万亿美元）	比重（%）	金额（万亿美元）	比重（%）	金额（万亿美元）	比重（%）
2006	51.7	24.4	66.5	31.4	93.4	44.2
2007	86.9	32.8	97.9	36.9	80.3	30.3
2008	283.6	50.7	98.9	17.7	176.6	31.6
2009	172.5	30.5	161.3	28.5	231.5	41.0
2010	206.4	30.0	240.1	34.9	241.6	35.1
2011	313.8	42	244.6	32.8	188.1	25.2
2012	311.4	35.5	224.7	25.6	341.9	36.0
2013	307.3	28.5	383.2	35.5	387.9	36.0
2014	557.3	45.3	444.0	36.1	229.9	18.6
2015	967.1	66.4	379.1	26.0	110.5	7.6
2016	1141.3	58.2	306.6	15.6	513.6	26.2

资料来源：《2016 年中国对外直接投资统计公报》。

与此同时，对外直接投资中跨国并购的规模不断提升，已经成为我国对外直接投资的重要模式。2006 年，我国跨国并购金额仅为 82.5 亿美元，但 2016 年我国跨国并购金额已经上升至 1353.3 亿美元，增加了 15.40 倍，增长幅度快于我国对外直接投资流量的增加幅度，说明跨国并购不断兴起（如表 3.2）。一方面，跨国并购可以充分利用并购标的在东道国的市场等资源，从而降低我国企业对外直接投资中的风险；另一方面，我国跨国并购往往寻求技术等战略资产，跨国并购的标的往往是科技含量高、品牌附加值高的企业，随着我国技术进步需求越来越强大，通过跨国并购来获取技术的需求也日益增长，所以我国对外直接投资中跨国并购起到了重要作用。

表 3.2　中国对外直接投资中跨国并购金额及占比

年份	并购金额（亿美元）	占当年对外直接投资流量比重（%）
2006	82.5	39.0
2007	63.0	23.8
2008	302.0	54.0
2009	192.0	34.0
2010	297.0	43.2
2011	272.0	36.4
2012	434.0	31.4
2013	529.0	31.3
2014	569.0	26.4
2015	544.4	25.6
2016	1353.3	44.1

资料来源：《2016 年中国对外直接投资统计公报》。

三、中国 OFDI 占世界比重及排名

不论是对外直接投资的流量还是存量，我国在世界中的排名都呈

现快速上升的趋势，说明我国对外开放的程度日益提高。2006 年，我国对外直接投资流量的世界排名为 13，2016 年排名已经跃升至世界第 2 位，仅次于美国。同时，我国对外投资的存量排名也快速上升，从 2006 年的 23 位上升至 2016 年的第 6 位（如表 3.3）。但从流量与存量的排名中，也可以发现存量排名明显低于流量排名。这是因为我国对外直接投资得益于 2002 年我国全面实施“走出去”战略，自此之后才开启真正的对外直接投资道路。而美国、中国香港等国家和地区早已开始国际化道路，对外直接投资积累了大量资本及要素，虽然每年我国对外直接投资的流量超过了英国、日本、中国香港等老牌开放大国和地区，但在存量上依旧落后于这些发达国家和地区，说明我国对外直接投资还有进一步完善与改进的巨大空间。

而从流量排名中可以发现，我国对外直接投资在 2009 年飞速上涨，世界排名骤然从 10 名左右徘徊上升至第 5 名（如表 3.3）。这主要是金融危机使美国、欧洲等发达经济体受到剧烈冲击，导致了其经济自顾不暇，经济出现恶化且资金短缺问题十分严重，主要集中于解决自身经济发展困境，所以发达经济体对外直接投资有所放缓。但我国应对金融危机具有十足底气，而且借机积极布局海外市场，且国内经济积极开展模式转变，促进经济转型升级。所以这段时间我国对外直接投资在世界中的排名迅速上升。

表 3.3　中国对外直接投资流量及存量排名

年份	流量排名	存量排名
2006	13	23
2007	17	22
2008	12	18

续表

年份	流量排名	存量排名
2009	5	16
2010	5	17
2011	6	13
2012	3	13
2013	3	11
2014	3	8
2015	2	8
2016	2	6

资料来源：《2016 年中国对外直接投资统计公报》。

我国对外直接投资流量占全世界的比重也在不断扩大，尤其是2016 年创下新高。2016 年，我国对外直接投资流量排名第 2 位，且对外直接投资占世界对外投资的比重高达 13. 5%，仅次于美国的20. 6%（如表 3. 4）。

不论是从流量还是从存量角度看，我国对外直接投资都取得了长足发展，而且不断从制造业投资寻求廉价资源和广阔市场，转向研发创新等生产性服务业投资来寻求战略资产，从而提升了我国对外直接投资的效率与质量。

表 3. 4　2016 年各国对外直接投资占世界对外投资比重

国别	占比	国别	占比	国别	占比	国别	占比
美国	20. 6	加拿大	4. 6	西班牙	2. 9	俄罗斯	1. 9
中国	13. 5	中国香港	4. 3	德国	2. 4	韩国	1. 9
荷兰	12	法国	4	卢森堡	2. 2	新加坡	1. 6
日本	10	爱尔兰	3. 1	瑞士	2. 1	其他	12. 9

资料来源：2016 年中国对外直接投资统计公报。

第二节　中国 OFDI 区位及产业的分布状况

一、洲际层面区位分布

我国对外直接投资的流量和存量都快速上升，而且在各大洲之间呈现了不同的布局特点，其中亚洲为我国最大的对外直接投资目的地（如表 3.5 和表 3.6）。测算我国对各大洲对外直接投资流量和存量占我国对外直接投资额的比重，可以发现亚洲地区一直是我国对外直接投资最多的区域，不论是流量还是存量，且亚洲地区占比的平均值高达 60%，占据了我国对外直接投资的半壁江山。由于亚洲国家基本是发展中国家，拥有廉价的劳动力和丰富的自然资源，而我国经济发展之后亟须将部分劳动资源密集型产业进行转移，且亚洲国家与我国文化风俗较为相近，所以我国对亚洲地区的直接投资一直稳居榜首。尤其是 2013 年我国大力推进“一带一路”建设，我国对“一带一路”沿线亚洲国家的投资迅速增加，很大程度上提高了亚洲地区在我国对外直接投资中的占比。

其次是拉丁美洲地区，与亚洲地区一样，拉丁美洲拥有较为廉价的劳动力和丰富的资源，符合我国对外直接投资的动机偏好。但由于拉丁美洲与我国处于不同洲际，交通便利程度以及文化相通程度等都弱于亚洲地区，所以拉丁美洲虽然是我国对外直接投资的重要区域，但却不是最主要的区域。与此同时，我国对拉丁美洲的投资有很大部分属于国际援助，以此支持拉丁美洲国家的发展。虽然拉丁美洲在我国对外直接投资中占据第二大区域位置，但不可否认，拉丁美洲所占比重不断下降，主要是因为金融危机之后拉丁美洲大多数国家经济恢复缓慢，而且政治因素也影响着我国对外直接投资的目的地。

在亚洲、拉丁美洲之后的是非洲、欧洲、北美洲、大洋洲，虽然占比稳定在5%左右，但明显处于较低水平。极有可能是这些地区人员分布较广，不利于市场寻求型投资，导致我国对外直接投资份额较小。

表 3.5　中国对各大洲对外直接投资流量占中国对外直接投资比重

时　间	亚　洲	非　洲	欧　洲	拉丁美洲	北美洲	大洋洲
2005	0.36	0.03	0.04	0.53	0.03	0.02
2006	0.43	0.03	0.03	0.49	0.01	0.01
2007	0.63	0.06	0.06	0.18	0.04	0.03
2008	0.78	0.10	0.02	0.07	0.01	0.03
2009	0.71	0.03	0.06	0.13	0.03	0.04
2010	0.65	0.03	0.10	0.15	0.04	0.03
2011	0.61	0.04	0.11	0.16	0.03	0.04
2012	0.74	0.03	0.08	0.07	0.06	0.03
2013	0.70	0.03	0.06	0.13	0.05	0.03
2014	0.69	0.03	0.09	0.09	0.07	0.04
2015	0.74	0.02	0.05	0.09	0.07	0.03
2016	0.66	0.01	0.06	0.14	0.10	0.03
平均	0.64	0.04	0.06	0.19	0.05	0.03

资料来源：根据国家统计局数据库的数据测算而得。

表 3.6　中国对各大洲对外直接投资存量占中国对外直接投资比重

时　间	亚　洲	非　洲	欧　洲	拉丁美洲	北美洲	大洋洲
2005	0.71	0.03	0.03	0.20	0.02	0.01
2006	0.64	0.03	0.03	0.26	0.02	0.01
2007	0.67	0.04	0.04	0.21	0.03	0.02
2008	0.71	0.04	0.03	0.18	0.02	0.02

续表

时 间	亚 洲	非 洲	欧 洲	拉丁美洲	北美洲	大洋洲
2009	0.76	0.04	0.04	0.12	0.02	0.03
2010	0.72	0.04	0.05	0.14	0.02	0.03
2011	0.71	0.04	0.06	0.13	0.03	0.03
2012	0.69	0.04	0.07	0.13	0.05	0.03
2013	0.68	0.04	0.08	0.13	0.04	0.03
2014	0.68	0.04	0.08	0.12	0.05	0.03
2015	0.70	0.03	0.08	0.12	0.05	0.03
2016	0.67	0.03	0.06	0.15	0.06	0.03
平均	0.69	0.04	0.05	0.16	0.03	0.02

资料来源：根据国家统计局数据库的数据测算而得。

二、国别层面区位分布

从对外直接投资流量来看，2016 年我国对外直接投资最多的是中国香港地区，高达 1142.3 亿美元，占了我国对外直接投资总流量的 58.2%（如表 3.7）。紧随其后的分别是美国、开曼群岛、英属维尔京群岛、澳大利亚、新加坡等国家和地区，分别占据了 2016 年我国对外直接投资的 8.7%、6.9%、6.3%、2.1%和 1.6%。限于数据可得性，本书分析了 2007 年至 2015 年我国对外投资主要区位投资额所占比重，中国香港地区遥遥领先，而且呈现逐年递增趋势。尤其是 2008 年占据了我国对外直接投资的 69.12%，这主要与金融危机有关。2008 年全球金融危机爆发，香港作为金融自由港受到了较大影响，所以中国内地对外直接投资适当向中国香港地区倾斜。此后，对中国香港地区的投资减缓之后又呈现较强的上升趋势。

与此同时，我国对美国、新加坡、澳大利亚等发达国家的对外直接投资所占比重呈现较为明显的增长趋势。随着我国经济不断发展，对外直接投资的动机不断从市场寻求、资源寻求转向技术寻求等，从而对美国等发达国家的对外直接投资不断走强。2007 年至 2015 年间，我国对泰国、越南、印度尼西亚等发展中国家对外投资所占比重处于较为稳定的状态，但又有所上升。尤其是在 2013 年之后，我国加快推进“一带一路”建设，加速沿线国家的基础设施投资，促进“一带一路”沿线国家的互联互通，所以对泰国、越南、印度尼西亚等国家的直接投资在我国对外直接投资总额中所占的比重有所上升。

表 3.7　中国对世界主要国家和地区对外直接投资流量占中国对外直接投资的比重

单位:%

	2007 年	2008 年	2009 年	2010 年	2011 年	2012 年	2013 年	2014 年	2015 年
中国香港	51.81	69.12	62.98	55.96	47.76	58.36	58.25	57.56	61.64
美国	0.74	0.83	1.61	1.90	2.43	4.61	3.59	6.17	5.51
开曼群岛	9.82	2.73	9.49	5.08	6.61	0.94	8.58	3.40	7.01
英属维尔京群岛	7.08	3.76	2.85	8.89	8.32	2.55	2.99	3.71	1.27
澳大利亚	2.01	3.38	4.31	2.47	4.24	2.47	3.21	3.29	2.33
新加坡	1.50	2.77	2.50	1.63	4.38	1.73	1.88	2.29	7.18
加拿大	3.90	0.01	1.08	1.66	0.74	0.91	0.94	0.73	1.07
德国	0.90	0.33	0.32	0.60	0.69	0.91	0.84	1.17	0.28
泰国	0.29	0.08	0.09	1.02	0.31	0.55	0.70	0.68	0.28
越南	0.42	0.21	0.20	0.44	0.25	0.40	0.45	0.27	0.38
印度尼西亚	0.37	0.3	0.40	0.29	0.79	1.55	1.45	1.03	1.00

资料来源：根据国家统计局数据库的数据测算而得。

从对外直接投资存量来看，2016 年我国对外直接投资存量最多的地区依旧是中国香港，占比高达 57.5%（如表 3.8）。紧随其后的是开曼群岛、英属维尔京群岛、美国、新加坡、澳大利亚、荷兰、英国等，其存量在我国对外直接投资存量中的占比分别达到 7.7%、6.5%、4.4%、2.5%、2.5%、1.5%、1.3%。本书选取 2008 年至

2015 年的数据，对我国对外直接投资存量的分布进行测度。可以看出，中国香港地区仍旧是我国对外直接投资存量最高的区域，但是所占比重呈现较为明显的下降趋势。与此同时，在开曼群岛、英属维尔京群岛等区域，我国对外直接投资的存量所占比重也呈现较为明显的下降趋势。尤其是开曼群岛，2008 年至 2015 年我国对外直接投资存量所占比重下降了 5 个百分点，趋势明显。

与之相反的是，美国、新加坡、加拿大、德国等发达国家市场，我国对外直接投资存量所占比重却呈现上升趋势，说明我国对外直接投资的投资动机不断转向战略资产寻求型。泰国、越南、印度尼西亚等发展中国家，我国对外直接投资存量所占比重明显上升，尤其是印度尼西亚，呈现快速的上升趋势，说明这些发展中国家在我国对外直接投资中的地位不断提升，这与“一带一路”建设大力实施密切相关。不论是对外直接投资的流量还是存量，都说明了我国对外直接投资的区位选择更加多元化，在巩固传统市场的基础上，不断向新兴经济体市场延伸。尤其是随着“一带一路”建设加速，我国对泰国、越南、印度尼西亚等沿线发展中国家的投资不断增加，不仅流量持续增加而且存量所占比重也有所上升，直接反映了“一带一路”建设所取得的积极成效。

表 3.8 中国对世界主要国家和地区直接投资存量占中国对外直接投资比重

单位:%

	2008 年	2009 年	2010 年	2011 年	2012 年	2013 年	2014 年	2015 年
中国香港	62.97	66.94	62.75	61.57	57.60	57.09	57.77	59.83
美国	1.30	1.36	1.54	2.12	3.21	3.32	4.31	3.72
开曼群岛	11.05	5.52	5.44	5.11	5.65	6.41	5.01	5.68
英属维尔京群岛	5.70	6.13	7.33	6.89	5.80	5.13	5.59	4.71

续表

	2008 年	2009 年	2010 年	2011 年	2012 年	2013 年	2014 年	2015 年
澳大利亚	1. 82	2. 39	2. 48	2. 60	2. 61	2. 64	2. 71	2. 58
新加坡	1. 81	1. 98	1. 91	2. 50	2. 33	2. 23	2. 34	2. 91
加拿大	0. 69	0. 68	0. 82	0. 88	0. 95	0. 94	0. 88	0. 78
德国	0. 46	0. 44	0. 47	0. 57	0. 58	0. 60	0. 66	0. 54
泰国	0. 24	0. 18	0. 34	0. 31	0. 40	0. 37	0. 35	0. 31
越南	0. 28	0. 30	0. 31	0. 30	0. 30	0. 33	0. 32	0. 31
印度尼西亚	0. 30	0. 33	0. 36	0. 40	0. 58	0. 71	0. 77	0. 74

资料来源：根据国家统计局数据库的数据测算而得。

三、对外直接投资产业分布

从对外直接投资流量来看，2016 年我国对外直接投资的产业主要分布在租赁和商务服务业、制造业、批发和零售业、信息传输/软件和信息技术服务业、房地产业和金融业，所占比重分别为 33. 5%、14. 8%、10. 7%、9. 5%、7. 8%和 7. 6%。选取 2007 年至 2015 年我国对外直接投资各产业进行分析，可知租赁和商务服务业一直是我国对外直接投资的主要产业，流量占比超过 20%，而且呈现稳定的增长趋势。与此同时，金融业、制造业等产业的对外直接投资处于较快的增长趋势，制造业投资占比从 2007 年的 8. 02% 上升到 2015 年的 13. 72%，而金融业则是从 6. 29%上升至 16. 64%，上升幅度更快。但与之相反的是，批发和零售业对外直接投资所占比重下降明显，2007 年至 2015 年从 24. 92%减少至 13. 19%，下降了 10 个百分点。但总体而言，我国对外直接投资的产业分布日益合理，呈现较好的发展态势（如表 3. 9）。

表 3.9　中国主要产业对外直接投资流量占中国对外直接投资比重

单位：%

	2007 年	2008 年	2009 年	2010 年	2011 年	2012 年	2013 年	2014 年	2015 年
租赁和商务服务业	21.15	38.85	36.22	44.01	34.29	30.46	25.09	29.91	24.89
制造业	8.02	3.16	3.96	6.78	9.43	9.87	6.67	7.78	13.72
批发和零售业	24.92	11.65	10.85	9.78	13.83	14.86	13.58	14.86	13.19
信息传输、计算机服务和软件业	1.15	0.53	0.49	0.74	1.04	1.41	1.30	2.57	4.68
房地产业	3.43	0.61	1.66	2.34	2.64	2.30	3.67	5.36	5.35
金融业	6.29	25.13	15.45	12.54	8.13	11.47	14.01	12.93	16.64
居民服务和其他服务业	0.29	0.30	0.47	0.47	0.44	1.01	1.05	1.34	1.10
建筑业	1.24	1.31	0.64	2.37	2.21	3.70	4.05	2.76	2.56
科学研究、技术服务和地质勘查业	1.15	0.30	1.37	1.48	0.95	1.68	1.66	1.36	2.30
文化、体育和娱乐业	0.02	0.04	0.03	0.27	0.14	0.22	0.29	0.42	1.20
电力、燃气及水的生产和供应业	0.57	2.35	0.83	1.46	2.51	2.20	0.63	1.43	1.47
农、林、牧、渔业	1.03	0.31	0.61	0.78	1.07	1.66	1.68	1.65	1.77
采矿业	15.33	10.42	23.60	8.31	19.35	15.43	23.00	13.44	7.72
交通运输、仓储和邮政业	15.34	4.75	3.66	8.22	3.43	3.40	3.07	3.39	1.87
住宿和餐饮业	0.04	0.05	0.13	0.32	0.16	0.16	0.08	0.20	0.50

资料来源：根据国家统计局数据库测算而得。

从对外直接投资存量而言，2016 年我国对外直接投资在每个大洲呈现的比较优势，出现了差异化的特征。在我国对亚洲、拉丁美洲直接投资存量中，租赁和商业服务业占最高比例，分别为 42.4%和 33.3%；在我国对非洲直接投资存量中，建筑业占主要位置，为 28.3%；在我国对欧洲、大洋洲直接投资存量中，采矿业所占比重最高，分别为 27.3%和 54.5%；在我国对北美洲直接投资中，制造业占据榜首，高达 22.7%（如表 3.10）。

表 3.10 2016 年中国对各大洲直接投资存量的产业分布

单位:%

<table>
<tr><th>地区</th><th>产业</th><th>占比</th><th>地区</th><th>产业</th><th>占比</th></tr>
<tr><td rowspan="5">亚洲</td><td>租赁和商务服务业</td><td>42.4</td><td rowspan="5">拉丁美洲</td><td>租赁和商务服务业</td><td>33.3</td></tr>
<tr><td>金融业</td><td>13.1</td><td>信息传输/软件和信息技术服务业</td><td>18.4</td></tr>
<tr><td>批发和零售业</td><td>12.9</td><td>批发和零售业</td><td>17.9</td></tr>
<tr><td>采矿业</td><td>7.9</td><td>金融业</td><td>11.7</td></tr>
<tr><td>制造业</td><td>6.9</td><td>采矿业</td><td>7.7</td></tr>
<tr><td rowspan="5">非洲</td><td>建筑业</td><td>28.3</td><td rowspan="5">北美洲</td><td>制造业</td><td>22.7</td></tr>
<tr><td>采矿业</td><td>26.1</td><td>金融业</td><td>16.4</td></tr>
<tr><td>制造业</td><td>12.8</td><td>采矿业</td><td>12.7</td></tr>
<tr><td>金融业</td><td>11.4</td><td>租赁和商务服务业</td><td>11.8</td></tr>
<tr><td>科学研究和技术服务业</td><td>4.8</td><td>房地产业</td><td>8.2</td></tr>
<tr><td rowspan="5">欧洲</td><td>采矿业</td><td>27.3</td><td rowspan="5">大洋洲</td><td>采矿业</td><td>54.5</td></tr>
<tr><td>制造业</td><td>20.1</td><td>房地产业</td><td>11.6</td></tr>
<tr><td>金融业</td><td>16.6</td><td>金融业</td><td>7.2</td></tr>
<tr><td>批发和零售业</td><td>9.0</td><td>租赁和商务服务业</td><td>5.2</td></tr>
<tr><td>租赁和商务服务业</td><td>8.1</td><td>批发和零售业</td><td>4.3</td></tr>
</table>

资料来源:《2016 年中国对外直接投资统计公报》。

限于数据，本书分析 2008 年至 2015 年我国各产业对外直接投资存量所占比重，与对外直接投资流量中各产业占比保持高度一致，租赁和商务服务业、金融业、制造业等行业的对外直接投资存量所占比重较高，而且呈现明显的上升趋势。同时，2008 年至 2015 年，采矿业对外直接投资存量所占比重较为稳定，也处于较高的水平。但采矿业的对外直接投资流量占比较小，主要是因为采矿业资金需求的周期比较长，所以导致了流量虽然较小，但前期的投资资金积累在项目上，所以存量占比比较大（如表 3.11）。

表 3.11 中国主要产业对外直接投资存量占中国对外直接投资比重

单位：%

	2008 年	2009 年	2010 年	2011 年	2012 年	2013 年	2014 年	2015 年
农、林、牧、渔业	0.80	0.83	0.82	0.80	0.93	1.09	1.10	1.05
采矿业	12.43	16.51	14.08	15.77	14.06	16.07	14.02	12.97
制造业	5.25	5.53	5.61	6.35	6.42	6.36	5.93	7.15
电力、燃气及水的生产和供应业	1.00	0.92	1.08	1.68	1.69	1.70	1.70	1.43
建筑业	1.46	1.39	1.95	1.90	2.42	2.94	2.56	2.47
交通运输、仓储和邮政业	7.89	6.77	7.31	5.95	5.49	4.88	3.93	3.63
信息传输、计算机服务和软件业	0.91	0.80	2.65	2.25	0.91	1.12	1.40	1.91
批发和零售业	16.23	14.52	13.24	11.56	12.82	13.27	11.66	11.11
住宿和餐饮业	0.07	0.10	0.14	0.14	0.14	0.14	0.15	0.20
金融业	19.95	18.72	17.42	15.87	18.13	17.73	15.59	14.54
房地产业	2.23	2.17	2.29	2.12	1.80	2.33	2.79	3.05
租赁和商务服务业	29.67	29.68	30.66	33.50	33.03	29.64	36.53	37.31
科学研究、技术服务和地质勘查业	1.08	1.17	1.25	1.03	1.28	1.31	1.23	1.31
居民服务和其他服务业	0.39	0.39	1.02	0.38	0.67	1.16	1.02	1.30
文化、体育和娱乐业	0.06	0.06	0.11	0.13	0.15	0.17	0.18	0.30

资料来源：根据国家统计局数据库测算而得。

第三节 中国不同区域 OFDI 差异分析

一、流量层面差异

由于我国经济发展水平所存在的差异，东中西部之间的对外直接投资流量也存在较大差异。显然，东部地区的对外直接投资量高于西部地区、中部地区和东北地区①。一方面，因为东部地区改革开放起步较早，形成了较为完善的市场经济环境，对外直接投资更为便利；另一方面，东部地区具有良好的地理位置，一直是对外开放的先行区或者说试验区，促进了东部地区的对外直接投资。

就2016年而言，东部地区对外直接投资流量为1256亿美元，占据了我国对外直接投资的83.4%，远远高于中部地区、西部地区、东北地区的对外直接投资占比。其中，中部地区对外直接投资101.1亿美元，占比6.7%；西部地区对外直接投资115.5亿美元，占比7.7%，东北地区对外直接投资32.5亿美元，占比2.2%。从数据中可以发现，西部地区的对外直接投资占比高于中部地区，显示了较快的发展速度（见表3.12）。这主要是因为“一带一路”建设大力推进，使得西部地区与中亚各国的贸易投资往来更加密切，从而有力推动了西部地区的对外直接投资。

从省级层面对外直接投资的流量来看，上海、广东、天津、北京、山东等省市排名前五位，而且都呈现以下特征：一是对外直接投资流量排名靠前的省市都属于东部发达地区，因为东部地理位置优越，而且市场环境较为完善，从而能够较强地促进对外直接投资。二是这些地区的经济发展水平较高，且经济体量大。经济发展与对外直接投资密切相关，经济发展水平越高意味着对外直接投资的基础越雄厚，能够为对外直接投资提供扎实的基础。三是这些地区都面临经济转型升级。当前我国经济发展进入新常态，国内市场趋于饱和且企业

① 东部地区包括：北京、天津、河北、上海、江苏、浙江、福建、山东、广东和海南；中部地区包括：山西、安徽、江西、河南、湖北、湖南；西部地区包括：内蒙古、广西、四川、重庆、贵州、云南、陕西、甘肃、青海、宁夏、新疆、西藏；东北地区包括：黑龙江、吉林、辽宁。

转型升级迫在眉睫，尤其是这些发达地区，经济转型升级压力巨大。而对外直接投资能够有效拓宽国外市场，吸引国外先进技术，反哺地方产业升级、经济发展，所以这些地区会大力鼓励对外直接投资，使得对外直接投资处于较高水平。

表 3.12　2016 年我国对外直接投资流量排名靠前的省市

排　名	地　区	流量（亿美元）
1	上海	239.68
2	广东	229.62
3	天津	179.40
4	北京	155.74
5	山东	130.24
6	浙江	123.14
7	江苏	122.02
8	河南	41.25
9	福建	41.19
10	河北	30.13

资料来源：《2016 年中国对外直接投资统计公报》。

二、存量层面差异

与对外直接投资的流量一致，我国对外直接投资存量也呈现东高西低的分布态势。2016 年东部地区对外直接投资存量为 4232.9 亿美元，占全国对外直接投资存量的 80.7%；西部地区对外直接投资存量为 428.1 亿美元，占比为 8.2%；中部地区对外直接投资存量为 356 亿美元，占比为 6.8%；东北地区对外直接投资存量为 223.5 美元，占比为 4.3%（见表 3.13）。虽然东部地区对外直接投资存量占比最高，但是对比对外直接投资流量和存量占比，可以发现东部地区对外直接投资的流量占比高于存量占比，说明其他地区的对外直接投资呈现较快速度的增长。

从地方层面来看，2016 年我国对外直接投资存量排名前五的省市为广东、上海、北京、山东、江苏，与对外直接投资流量排名靠前的地区基本一致。由此也说明了我国对外直接投资主要还是集中于东部地区。而且 2016 年我国对外直接投资存量排名前十位的省市的存量高达 4330. 4 亿美元，占我国对外直接投资存量的 82. 6%，充分说明了我国对外直接投资逐步形成规模效应，较多地集中于少数开放程度较高、经济实力雄厚的省市。

表 3. 13　2016 年我国对外直接投资存量排名靠前的省市

排　名	地　方	存量（亿美元）
1	广东	1250. 4
2	上海	840. 5
3	北京	543. 8
4	山东	411. 9
5	江苏	349. 5
6	浙江	326. 8
7	天津	262. 3
8	辽宁	132. 2
9	福建	111. 3
10	湖南	101. 7

资料来源：《2016 年中国对外直接投资统计公报》。

第四节　中国 OFDI 所存在的问题短板

纵观我国对外直接投资的流量和存量、投资模式、区位选择、产业分布等，我国对外直接投资已经取得积极进展，但依旧存在有待完善的空间。

一是我国对外直接投资增速处于较高水平，但是投资模式还有待进一步多元化。2002 年我国全面实施“走出去”战略以来，我国对外直接投额节节攀升，2016 年我国对外直接投资总额已经稳居世界第二位，仅次于美国。而且随着我国开放发展不断深化，我国很可能会超越美国，成为对外直接投资排名第一的国家。但是在我国对外直接投资过程中，投资模式还有待进一步多元化，尤其是在投资结构上，当前还是以新增股权为主，对于当期收益再投资、债务工具投资这两种投资形式的应用还需要加强。新增股权固然是投资的主要模式，但是也存在资金长期积压等问题，为公司可持续发展带来一定的影响。所以在提高对外直接投资金额的过程中，还需要注重模式的选择。

二是我国对外直接投资在区位分布上还是偏重于亚洲地区，在国别和地区层面上偏重于中国香港，对美国、德国等发达国家的投资还明显不足。从我国对外直接投资区位选择分析来看，亚洲是我国最主要的投资市场，而中国香港是我国最主要的投资区域。虽然亚洲国家和地区具有丰富的自然资源和廉价的劳动力资源，同时又具备广阔的市场，符合我国对外直接投资的需求，且便利的交通运输环境以及较为相同的人文风俗更是为我国投资亚洲国家和地区提供了便利条件。亚洲地区固然是我国投资的重点区域，但是真正的先进技术和管理经验还是在美国、德国等发达国家。但不论是存量还是流量，我国对这些发达国家的投资占比明显不高，远远低于对亚洲国家和地区的投资。所以，我国对外直接投资要可持续发展，尤其是发挥对外直接投资的技术逆向溢出效应，还需要更多地关注发达国家市场，积极投资发达国家。

三是我国对外直接投资的产业布局还是在租赁和商务服务业、制造业和金融业等产业，对教育、文化、医疗、科学研发等产业的投资明显不足。随着我国经济不断发展，创新驱动、效率驱动将全面代替投资驱动、要素驱动成为经济发展的核心动力。而创新驱动的本质在于技术进步，这些新技术的来源一方面依靠我国的自主创新，另一方面也依靠与其他国家的积极合作和联动，所以我国应当加强在科技研发等领域的对外直接投资，以此保持与高技术国家之间的联系，从而提升本国的技术水平。尤其是新一轮科技革命和产业革命渐行渐近，保持与发达国家之间的联系，加快科技领域的海外投资布局，对于我国把握好新一轮科技革命和产业革命、从“追踪式”发展转向“赶超式”发展至关重要。

四是我国对外直接投资区域差距仍然存在，省份之间两极分化明显。由于东部地区经济发展速度较快，且占据得天独厚的地理位置，所以东部地区对外直接投资一直处于高水平发展的态势。不论是对外直接投资的存量还是流量，东部地区都要远远高于中部地区、西部地区和东北地区。对外直接投资排名前十位的省、市、自治区基本上都属于东部地区。尤其是广东、上海、江苏等典型省市的对外直接投资体量占据了我国对外直接投资流量和存量的绝大部分，说明我国省份之间的对外直接投资体量存在巨大差异，呈现出两极分化的趋势。

第四章　发达国家 OFDI 的对标比较研究

从科技革命引领的对外投资历史可以发现，科技革命深刻影响着各国对外直接投资进程。现阶段正值新科技革命呼之欲出，世界各国都在为抢占科技制高点而未雨绸缪，置于此背景之下，各国对外直接投资呈现何种特点值得我们进一步讨论。本节研究新科技革命背景下美国、日本等发达国家以及韩国等新兴工业化国家的对外直接投资进程，并进行国别对标比较。

第一节　美国 OFDI 的现状与特征

自 20 世纪 70 年代以来，美国一直是世界第一大对外直接投资国（1982 年除外），其对外直接投资规模占世界比重最高时达到 50%以上，80 年代随着西欧和日本的崛起，其占比出现下滑，但世界第一对外直接投资国地位始终未变（丁振辉和翟立强，2013）。

1. 总体规模

据 UNCTAD 数据显示，2013 年美国对外直接投资流量为 3383 亿美元，占国内 GDP 比重达 1.9%；截至 2013 年，美国对外直接投资存量已达 63495 亿美元。具体可见表 4.1。

表 4.1　美国对外直接投资存、流量规模（1990—2013 年）

单位：亿美元

	1990 年	1995 年	2000 年	2006 年	2009 年	2010 年	2011 年	2012 年	2013 年
流量	310	921	1426	2242	2879	2778	3867	3669	3383
存量	7318	13638	26940	44703	43221	48096	45139	52495	63495

资料来源：UNCTAD 数据库。

由表 4.1 可知，自 20 世纪 90 年代以来美国对外直接投资规模总体呈上升趋势，但自 2011 年开始，其对外直接投资略微下滑，可能的解释之一是奥巴马政府重振制造业战略和海外生产成本上升所引致的美国制造业回归，逐渐加速的制造业回归使美国对中国等广大发展中国家的对外直接投资额锐减（徐冰曦，2014），而新科技革命在制造业领域的一大动向就是 3D 打印技术的研发，致使工厂无须机床、模具等传统工具，这种绿色环保的新兴生产模式极大降低了生产成本，将对美国制造业回归提供强大的技术支撑。

2. 地区分布

据《OECD 对外直接投资统计公报 2014》显示，美国对外直接投资主要集中在欧盟，对亚洲、非洲和拉丁美洲的对外直接投资规模相对较小。具体可见表 4.2。

表 4.2　美国对外直接投资地区分布（2008—2012 年）

单位：百万美元

	2008 年	2009 年	2010 年	2011 年	2012 年
东盟	11087	7845	22008	15158	21568
欧盟	146399	147657	174904	201715	166379
拉美	19802	20632	13473	29404	33021

资料来源：《OECD 对外直接投资统计公报 2014》。

美国对外直接投资较注重东道国的软实力，比如当地的市场成熟度、金融体系健全度、人力资源丰富度等条件，欧盟国家相对于亚非拉国家在这些方面都具有较强优势，因此美国对外直接投资的绝大部分都在欧洲。此外，东亚国家有着丰富的廉价劳动力资源和广阔的市场潜力，近年来也成为美国对外直接投资的重要目标地，其在亚太地区的对外直接投资国主要集中在日本、新加坡、韩国等市场经济较为发达的国家。

3. 行业分布

据《OECD 对外直接投资统计公报 2014》显示，美国对外直接投资所涉及的行业主要包括：初级产品、制造业、电力、燃气及水务业、建筑业和服务业五大部门，其中以服务业占绝对多数。具体可见表 4.3。

表 4.3　美国对外直接投资行业分布（2008—2012 年）

单位：百万美元

	2008 年	2009 年	2010 年	2011 年	2012 年
初级产品	25504	12992	12040	32349	26830
制造业	35866	43832	33320	61081	62064
电力、燃气及水务业	263	641	769	6649	1072
建筑业	611	878	375	-125	459
服务业	246051	229557	231276	286773	276513

资料来源：《OECD 对外直接投资统计公报 2014》。

从表 4.3 可知，服务业在美国对外直接投资中占绝对多数，占比达 75%以上，且近年来始终呈现上升趋势。而服务业中的金融保险业、批发贸易以及房地产业更成为中坚力量。美国发达的金融、保险及商业服务，需要投资接受国的经济足够发达，对这些高端服务业有足够的需求。因此，美国服务业对外直接投资主要集中在欧洲国家。近年来，美国制造业对外直接投资中迅速增长的则是计算机、电视等电子设备以及机械设备等行业，美国凭借其在制造业领域的整体技术优势和强大的创新动力，把握着高端制造、标准制定等一系列的高增值环节，在电子信息、通讯、新材料、新能源等领域具有绝对的竞争优势。

第二节 日本 OFDI 的现状与特征

作为世界第二大经济强国，日本历来重视企业的海外扩张。自 2005 年起，日本对外直接投资迅速崛起，一度成为与美国比肩的海外投资大国。

1. 总体规模

据 UNCTAD 数据显示，2013 年日本对外直接投资流量为 1357 亿美元，占国内 GDP 比重达 2.7%；截至 2013 年，日本对外直接投资存量已达 9929 亿美元。具体可见表 4.4。

表 4.4 日本对外直接投资存、流量规模（1990—2013 年）

单位：亿美元

	1990 年	1995 年	2000 年	2006 年	2009 年	2010 年	2011 年	2012 年	2013 年
流量	508	226	316	503	747	563	1076	1225	1357
存量	2014	2385	2784	4496	7409	8311	9628	10549	9929

资料来源：UNCTAD 数据库。

表 4.4 显示 20 世纪 90 年代开始，日本受泡沫经济破灭的影响，对外直接投资规模急剧下滑，但进入 21 世纪，特别是 2005 年以来，

日本对外直接投资不断增长。而 2011 年较之前更是出现倍数增长，原因在于 2011 年日本大地震，造成日本国内产业链条断裂、电力供应紧张等困境，使得日本制造业更加重视对外直接投资。此外，自 2008 年金融危机以来，日元不断升值也为日本企业海外兼并扩张提供了强大的资金支持。

2. 地区分布

据《OECD 对外直接投资统计公报 2014》显示，日本对外直接投资主要集中在欧盟和美国，而近年来，东盟逐渐成为日本海外投资的战略要地。具体可见表 4.5。

表 4.5 日本对外直接投资地区分布（2008—2012 年）

单位：百万美元

	2008 年	2009 年	2010 年	2011 年	2012 年
美国	43154	10675	9079	14441	32086
欧盟	22663	17038	8143	35614	28985
英国	6536	2186	4393	14049	11879
荷兰	6567	6748	3360	5331	8548
东盟	6304	7040	8786	19402	10758

资料来源：《OECD 对外直接投资统计公报 2014》。

美国作为世界科技巨头，是全球科技创新的重要基地，已有不少实证研究表明日本对美国的对外直接投资基于技术寻求的目的（Kogut 和 Chang，1991），美国先进的技术水平，通过逆向技术溢出等途径被日本的海外企业学习与吸收，这些企业又将研究成果返回日本国内，最终带动母国技术升级。而日本在欧洲的投资主要集中在英国和荷兰两国。

值得注意的是，近年来东盟逐渐成为日本海外投资的新热点，主要原因在于对东南亚投资符合日本企业降低生产成本，增加经营收益的诉求。近年来，中国内地劳动力、原材料、土地、能源等价格迅速上涨，直接推高了产品生产成本，而越南、缅甸、老挝、印尼、柬埔寨等大量东南亚国家的产品生产成本则相对较低，日本企业具有通过向东南亚转移生产从而获取廉价劳动力和生产原料的动机，进而保证企业投资收益的最大化。

3. 行业分布

据《OECD 对外直接投资统计公报 2014》显示，日本对外直接投资所涉及的行业主要包括：初级产品、制造业、建筑业和服务业四大部门，其中制造业与服务业海外投资规模呈“分庭抗礼”态势。具体可见表 4. 6。

表 4. 6　日本对外直接投资行业分布（2008—2012 年）

单位：百万美元

	2008 年	2009 年	2010 年	2011 年	2012 年
初级产品	10545	6497	9279	16527	20944
制造业	44987	32950	17670	57111	49340
建筑业	390	499	299	435	872
服务业	70005	33340	27016	37385	47638

资料来源：《OECD 对外直接投资统计公报 2014》。

从表 4. 6 可以发现，日本对外直接投资的最大部门为制造业和服务业，而制造业中排名前三的分别为机械产品、运输设备和电子通讯设备制造业，日本在电子信息行业拥有世界顶级的技术标准，而丰田等国际知名汽车品牌的推动也使日本海外投资愈发强劲。在服务业领域，排名前三的分别为金融业、物流业和邮政电信业。

第三节　韩国 OFDI 的现状与特征

作为“亚洲四小龙”之一的韩国，自 20 世纪 60 年代开始推行出口导向型战略，在短时间内实现了经济的腾飞，一跃成为全亚洲发达富裕的地区。韩国对外直接投资始于 20 世纪 60 年代，经过半个多世纪的发展，目前已成为海外投资大国，《世界投资报告 2014》显示，韩国对外直接投资规模位列全球第 12。

1. 总体规模

据 UNCTAD 数据显示，2013 年韩国对外直接投资流量为 292 亿美元，占国内 GDP 比重达 2.2%；截至 2013 年，韩国对外直接投资存量已达 2191 亿美元。具体可见表 4.7。

表 4.7　韩国对外直接投资存、流量规模（1990—2013 年）

单位：亿美元

	1990 年	1995 年	2000 年	2006 年	2009 年	2010 年	2011 年	2012 年	2013 年
流量	11	39	48	128	174	283	297	306	292
存量	23	133	215	492	1204	1432	1715	2018	2191

资料来源：UNCTAD 数据库。

由表 4.7 可知，近年来韩国对外直接投资规模总体上呈不断上升趋势，韩国的对外直接投资与国内产业结构升级存在显著的相关性（金明玉和王大超，2009），通过对外直接投资，推动韩国产业结构不断高级化。

2. 地区分布

据《OECD 对外直接投资统计公报 2014》显示，韩国对外直接投资主要集中在亚洲和美国。亚洲，特别是东南亚地区有着丰裕的廉价劳动力资源和市场潜力，而美国则是创新与技术的发射塔，韩国对这两个地区的对外直接投资显示出不同的投资动机与目的。具体地区分布见表4.8。

表4.8　韩国对外直接投资地区分布（2008—2012年）

单位：百万美元

	2008年	2009年	2010年	2011年	2012年
美国	3192	2868	3696	6213	4979
亚洲	10077	7787	12204	12101	12297
中国	4035	3545	5313	4977	5406
欧盟	894	4441	6134	3945	4417

资料来源：《OECD对外直接投资统计公报2014》。

3. 行业分布

据《OECD对外直接投资统计公报2014》显示，韩国对外直接投资所涉及的行业主要包括：初级产品、制造业、电力、燃气及水务业、建筑业和服务业五大部门，其中制造业海外投资规模一枝独秀，但近年来服务业投资规模呈迎头赶上态势。具体可见表4.9。

表4.9　韩国对外直接投资行业分布（2008—2012年）

单位：百万美元

	2008年	2009年	2010年	2011年	2012年
初级产品	3565	5118	7118	6757	6292
制造业	5474	7047	10133	10286	11037
电力、燃气及水务业	71	489	295	513	753
建筑业	689	285	157	304	1069
服务业	7505	7321	9115	9102	8204

资料来源：《OECD对外直接投资统计公报2014》。

韩国对外直接投资中制造业所占比重较大，这与其国内产业结构优化战略密不可分。20 世纪 60 年代开始，出口导向型战略和发达国家的边际产业转移，使韩国承接了大量的劳动力密集型产业；而 70 年代东南亚国家的崛起对韩国劳动力密集型产业产生巨大冲击，此外国际石油危机也使众多发达国家从资本密集型产业向技术密集型产业转型，韩国由此承接了大量的石油化工等资本密集型产业，韩国也开始将劳动密集型产业向东南亚国家转移；进入 21 世纪，韩国政府进行了第三次产业结构调整，由资本密集型产业向技术密集型产业过渡，提高产品的技术密集度，减少对资源、能源的消耗。在这种背景下，韩国企业开始对发达国家进行直接投资，以最快捷的方式学习到新技术和先进的管理经验。同时，把严重依赖资源的资本密集型产业向发展程度更低的发展中国家转移，再次实现了母国产业升级。

第四节　对标比较与经验启示

美国和日本是当今世界两大经济强国，同时也是海外投资大国；韩国作为新兴工业化国家的代表，在对外直接投资领域也颇有建树。近年来，我国在积极引进外资的同时，大力实施企业“走出去”战略，但在“走出去”的“量”和“质”上仍存在诸多不足。因此，需要不断汲取美、日、韩等国的对外直接投资经验，为我国更好地推动“走出去”战略保驾护航。

从区位选择上看，美国主要投资于欧洲地区，日本偏好北美和欧洲，但东盟国家日益受其青睐，而韩国投资比重最大的地区为亚洲，但未超过50%，北美和欧洲国家亦占据相当比重。反观我国对外直接投资地区分布情况，2013 年我国对外直接投资总额①（1078.4 亿美元）的70.1%流向亚洲地区，达 756.0 亿美元，主要分布在中国香港、新加坡、印度尼西亚、哈萨克斯坦、老挝、泰国等，其中对中国香港的投资占对亚洲地区投资总额的 83.1%；流向拉丁美洲的投资为 143.6 亿元，占比 13.3%，但主要流向避税地开曼群岛和英属维尔京群岛，占对拉美地区投资总额的 86.9%；对欧洲和北美的投资总额仅为 108.5 亿美元，占比 10%。

根据传统 OFDI 理论，对外直接投资首先在距离相近、技术相近的国家（地区）之间发轫，因此我国海外投资集中于亚洲地区初看起来“合情合理”，但是数据显示我国在亚洲地区的投资主要集中于中国香港，泰国、马来西亚、印度尼西亚、柬埔寨等东南亚国家所占无几，现阶段我国大量产业出现产能过剩，劳动力密集型等“边际产业”亟待转移升级，因此我国应把一部分夕阳产业转移到市场潜力巨大、劳动力资源丰裕以及技术水平相近的东南亚国家。此外，美国和欧洲是技术创新的来源地，我国应加强对这两个地区的技术寻求型对外直接投资。

从产业分布上看，美国对外直接投资主要集中于服务业，其中金融保险业、房地产业占主导地位；此外由于美国在高端制造、电子技术等方面拥有绝对竞争优势，因而在先进制造业领域对外直接投资也“不遑多让”；同样地，日本在电子信息、机械制造等方面技术水平世界领先，因而其先进制造业亦是其对外直接投资的主要产业；韩国对外直接投资历经劳动密集型产业→资本密集型产业→技术密集型产业的变迁，实现了国内产业结构的优化升级，现今对外直接投资主要分

① 数据来源于《2013 中国对外直接投资统计公报》，下同。

布在先进制造业和服务业。反观我国，2013 年我国对外直接投资的行业分布前十位分别是：租赁和商务服务业（270.6 亿美元）、采矿业（248.1 亿美元）、金融业（151 亿美元）、批发和零售业（146.5 亿美元）、制造业（72 亿美元）、建筑业（43.6 亿美元）、房地产业（39.5 亿美元）、交通运输/仓储和邮政业（33.1 亿美元）、农林牧渔业（18.1 亿美元）、科学研究和技术服务业（17.9 亿美元）。

与美、日、韩等国对比发现，我国对外直接投资产业分布存在的主要问题在于：第一，制造业对外投资"力不从心"，特别是高端制造业欠缺。中国经济发展的传统特征是依靠大规模投资、要素驱动的高速增长，目前这种旧常态将难以为继（吴敬琏，2015），因此致使资源耗竭、环境恶化的低端制造业面临"淘汰、升级、转移"三种选择，我国可以学习韩国经验，将能耗严重的冶金工业、石油工业、机械制造业等重工业向外转移，以促进母国高端制造业的成长与发展。第二，生产性服务业投资"力有未逮"。不管是美、日等发达国家，还是韩国等新兴工业化国家，生产性服务业（如金融保险、房地产等）对外直接投资均占相当比重，我国应推动向发达国家的生产性服务业直接投资。第三，资源开发型投资"力不能及"。日本和韩国的对外投资历史显示，两国在对外直接投资的初期都重视资源寻求的目的，现阶段我国资源消耗严重，可以通过向非洲、拉美、澳大利亚等地的资源寻求型对外直接投资，建立战略性资源开发生产供应基地，尤其是矿产资源、石油资源以及林业资源的国际开发利用，这对利用国外资源弥补国内资源短缺，保证国内经济健康持续发展具有重要的战略意义。

第三篇

实 证 篇

第五章 新科技革命背景下中国企业技术寻求型 OFDI 研究

第一节 新科技革命背景下中国 OFDI 的逆向技术溢出机制

一国技术进步的途径有二：国内研发活动和国外研发溢出。对外直接投资作为获取国外技术溢出的重要渠道越来越受到广泛关注；进一步的研究表明，OFDI 流向国越发达，研发资本越密集，逆向技术溢出效应更明显（LP，2001；Braconier，2001）。截至 2015 年年底，2.02 万家境内投资者在境外设立 3.08 万家对外直接投资企业，分布在全球 188 个国家（地区），其中对发达国家（地区）OFDI 存量占比 14.19%；对转型及发展中国家（地区）[①] OFDI 存量占比 85.81%[②]，可见我国 OFDI 主要流向转型及发展中国家（地区）。

发达国家是新科技革命的重要发源地，与绝大多数转型及发展中国家相比，发达国家在国内 R&D 投入、知识资本存量和技术进步水

① 本节"发达国家（地区）和转型及发展中国家（地区）"划分标准来自联合国贸发会议《世界投资报告》。值得注意的是，《中国对外直接投资统计公报》也是按此标准进行划分。

② 数据来源：《2015 年中国对外直接投资统计公报》。

平等方面都存在显著优势，因此对发达国家 OFDI 获得的技术溢出效应与对转型及发展中国家 OFDI 获得的技术溢出效应不能一概而论。揭水晶和吉生保等（2013）就曾提出中国 OFDI 逆向技术溢出应区分发达国家、新兴工业经济体（NIEs）与发展中国家和地区（LDCs）。在借鉴前人研究的基础上，本章提出了中国 OFDI 国别差异促进母国技术进步的作用机理，并对母国 OFDI 逆向技术溢出模型做了一个简单的扩展。

一、中国 OFDI 国别差异促进母国技术进步机制

中国向发达国家对外直接投资主要通过以下三条途径获得逆向技术溢出：第一，研发要素吸收机制，我国企业通过向发达国家 OFDI，嵌入其高新技术集群网络，通过跟随模仿、资源共享、人员交流等方式不断汲取东道国研发要素，获得最先进的知识并把握世界技术前沿和动态；第二，研发成果返回机制，海外子公司在研发要素吸收的基础上，将所获得的技术、知识、信息和研发成果等反馈给母公司，母公司对新技术消化吸收并加以利用，最终通过外溢和示范效应提升母国技术进步水平（陈菲琼、钟芳芳等，2013）；第三，研发人员培养机制，海外子公司通过向合资、兼并企业中的核心技术人员学习以获取先进技术，与东道国科研机构、高等院校交流或联合培养等方式学习宝贵知识，并将这些技术和知识返回母国，促进母国技术进步。研究表明，母国的消化吸收能力是对外直接投资获得技术溢出的前提条件（Cohen 和 Levinthal，1990；茹玉骢，2004），母国只有具备一定的消化吸收能力，才能充分学习、利用和转化新知识、新技术，并转变为现实生产力（见图 5.1）。我国跨国公司从上述三条途径获得的逆向技术溢出，通过母国消化吸收的调节作用，获得该溢出总额一部分

（见图 5.2）。

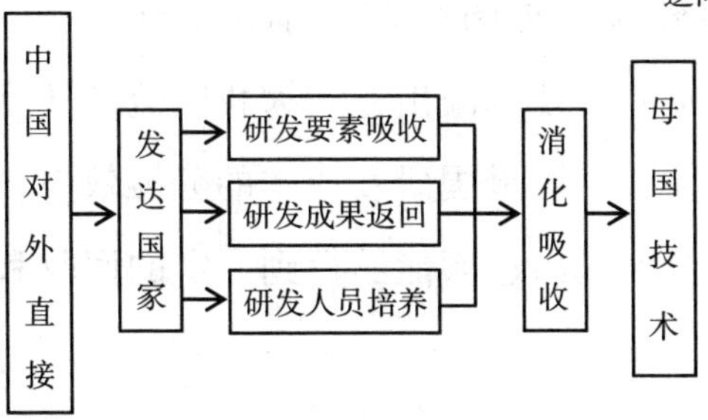

图 5.1　针对发达国家 OFDI 促进母国技术进步机理

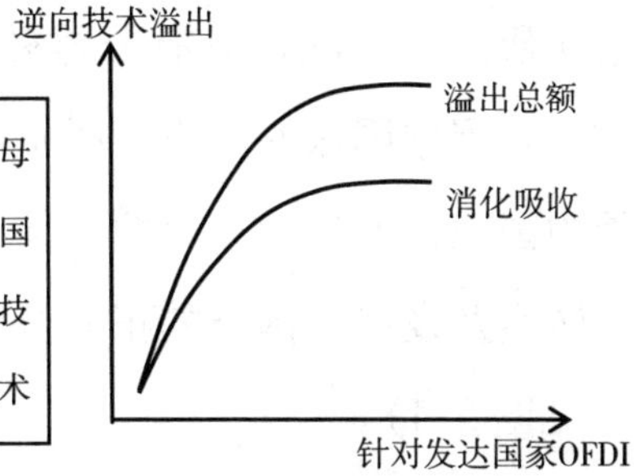

图 5.2　母国消化吸收的调节作用

资料来源：作者绘制。

转型国家的技术水平与我国大致相当，而众多发展中国家的技术水平普遍低于我国，假定转型及发展中国家技术水平等于或低于我国技术水平。因此我国向转型及发展中国家直接投资获得技术溢出与向发达国家直接投资获得技术溢出的作用机理截然不同，即我国甚少能从转型及发展中国家获得逆向技术溢出，相反，在我国对转型及发展中国家进行直接投资时，我国的某些适用性技术将扩散至这些国家，对这些国家产生正向技术输出。但我国仍可以通过以下两条途径从向转型及发展中国家对外直接投资中获得部分技术回收：第一，扩大市场规模，形成规模经济。我国向转型及发展中国家的直接投资，大多定位于市场扩展的目的，这类市场的扩大，有助于产生规模经济效应（赵伟等，2006）①，从而提高企业利润，利润返回母国用于研发、创新等用途，这对母公司研发成本具有分摊效应。第二，追求廉价资源，降低企业成本。我国基于廉价资源寻求投资于赞比亚、伊朗

① 赵伟、古广东、何元庆：《外向 FDI 与中国技术进步：机理分析与尝试性实证》，《管理世界》2006 年第 7 期。

等众多发展中国家（肖文、周君芝，2014）①，并在这些国家建立生产基地，这种方式降低了跨国公司的生产成本，提高了企业利润，对母公司研发成本同样具有分摊效应（见图 5.3）。前文所述，我国向转型及发展中国家对外直接投资时，技术溢出方向为我国流向转型及发展中国家，但通过以上两条途径，即母国研发成本的分摊效应，我国对转型及发展中国家的正向技术输出总额能够得到一定的回收和对冲（见图 5.4）。

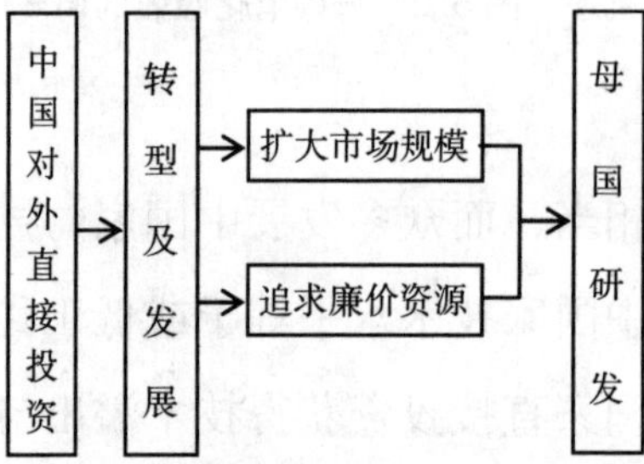

图 5.3　针对转型及发展中国家 OFDI 促进母国技术进步机制

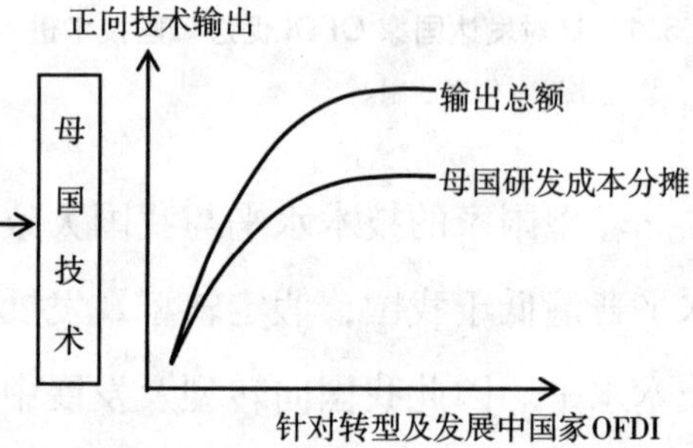

图 5.4　母国研发成本分摊对冲作用

资料来源：作者绘制。

二、母国 OFDI 逆向技术溢出模型及其扩展

本书借鉴科埃和赫尔普曼（Coe 和 Helpman，1995）以及 LP（2001）分析国际技术溢出的回归方法，假定一国的技术进步水平不仅与国内研发活动有关，也与国际研发溢出有关，得到如下基本模型：

$$TFP = F(S^D,\ S^F) \tag{5.1}$$

其中，TFP 为全要素生产率，S^F 为国内研发资本，S^F 为国外研发

① 肖文、周君芝：《国家特定优势下的中国 OFDI 区位选择偏好》，《浙江大学学报（人文社会科学版）》2014 年第 1 期。

溢出。国外研发溢出一般通过以下三种途径获得：第一，对外直接投资过程中的逆向技术溢出；第二，外商直接投资获得技术溢出；第三，进口贸易获得技术溢出。本书对基本模型（5.1）进行扩展，将 S^F 进一步定义为：

$$S^F = G(S^{OFDI}, S^{FDI}, S^{IM}) \tag{5.2}$$

其中，S^{OFDI}，S^{FDI} 和 S^{IM} 分别表示从对外直接投资、外商直接投资和进口贸易中获得的国外研发溢出。根据前文的理论机制，可将 S^{OFDI} 细分为从对发达国家直接投资和从对转型及发展中国家直接投资获得的技术溢出，故（5.2）式可进一步定义为：

$$S^F = G(S^{OFDI1}, S^{OFDI2}, S^{FDI}, S^{IM}) \tag{5.3}$$

其中，S^{OFDI1} 和 S^{OFDI2} 分别表示从对发达国家直接投资和从对转型及发展中国家直接投资获得的国外研发溢出。由前文的理论机制可知，对发达国家直接投资获得的技术溢出必须以母国吸收能力为前提，本书将人力资本存量（H）作为母国吸收能力的代理变量，因此（5.3）式中的 S^{OFDI1} 可定义为关于 H 的函数，即：

$$S^{OFDI1} = S^{OFDI1}(H) \tag{5.4}$$

对转型及发展中国家直接投资获得的技术溢出主要通过母国研发成本分摊获得，即是通过影响国内研发资本（S^D）的形式体现的，因此（5.3）式中的 S^{OFDI2} 可定义为关于 S^D 的函数，即：

$$S^{OFDI2} = S^{OFDI2}(S^D) \tag{5.5}$$

将（5.2）式、（5.3）式、（5.4）式和（5.5）式代入（5.1）式，得到最终的母国 OFDI 逆向技术溢出模型：

$$TFP = F(S^D, S^F) = F(S^D, S^{OFDI1}(H), S^{OFDI2}(S^D), S^{FDI}, S^{IM}) \tag{5.6}$$

第二节　技术反向溢出效应视角下的计量模型实证检验

一、模型与数据

根据前文的理论机制和扩展的母国 OFDI 逆向技术溢出模型，本节用 H 与 $S^{O}FDI1$ 的交叉项来衡量我国从对发达国家直接投资技术溢出中吸收能力的作用，用 S^{D} 与 $S^{O}FDI2$ 的交叉项来衡量我国从对转型及发展中国家直接投资技术溢出中国内研发成本分摊效应的作用，最终将中国 OFDI 国别差异与母国技术进步回归方程设定为：

$$\ln(TECH_{it}) = \alpha_i + \beta_1\ln(S_{it}^{D}) + \beta_2\ln(S^{O}FDI1_{it}) + \beta_3\ln(S^{O}FDI2_{it}) + \beta_4\ln(S^{F}DI_{it}) + \beta_5\ln(S_{it}^{IM}) + \beta_6\ln(H_{it})\ln(S_{it}^{OFDI1}) + \beta_7\ln(S_{it}^{D})\ln(S_{it}^{OFDI2}) + \varepsilon_{it} \tag{5.7}$$

我国省际对外直接投资数据统计始于 2003 年，故本节选取 2003—2012 年我国 30 个省市自治区面板数据（不包含西藏和港澳台地区），构建中国 OFDI 国别差异与母国技术进步的计量模型，并进行实证研究。在综合考虑我国 OFDI 规模、FDI 规模、进口总额以及数据可得性的基础上，本节选择的发达国家样本包括：美国、日本、澳大利亚、英国、加拿大、德国、法国、瑞典、意大利、爱尔兰、比利时、波兰、荷兰、捷克、匈牙利和西班牙，共 16 国；转型及发展中国家样本包括：巴基斯坦、韩国、哈萨克斯坦、马来西亚、蒙古、泰国、新加坡、伊朗、印度、印度尼西亚、南非、俄罗斯、巴西、赞比亚、哥伦比亚、墨西哥、土耳其、阿根廷，共 18

国。选择上述国家的原因在于：截至 2012 年年末，我国对以上 34 个国家的直接投资存量占我国 OFDI 总存量的 72.74%，其中对 16 个发达国家的直接投资存量占总存量的比重为 38.94%，对 18 个转型及发展中国家的直接投资存量占总存量的比重为 33.80%；从上述 34 个国家获得的 FDI 占我国 FDI 总额①的 71.16%，进口额占我国进口总额的 65.30%，可见上述国家是我国主要的 OFDI 流向国、FDI 来源国和国际贸易进口国。

$TECH_{it}$ 表示国内 i 省 t 时期技术进步水平。本节根据数据包络法（DEA）计算 Malmquist 指数得到，其中产出要素是各地区 GDP，投入要素包括各地区当年全社会固定资产投资（K）和三次产业就业人员总数（L）。由于测算 2003—2012 年各省份 Malmqusit 指数需要 2002 年的数据，故本节将 GDP 和全社会固定资产投资按照消费价格指数进行平减，换算成以 2002 年为基期的不变价格。DEA 分析数据来源于国研网宏观经济数据库和各地区统计年鉴，消费者价格指数来源于《中国统计年鉴》。

S_{it}^{D} 表示 i 省 t 时期国内研发资本存量。本节根据 Griliches (1992)② 的方法，以 2003 年为基期，将各省份 2003 年 R&D 经费支出除以折旧率加上基年后 9 年的平均增长率作为 2003 年的研发资本存量，即 $S_{i2003}^{D} = R\&D_{i2003}/(\delta + g_i)$，其中 $R\&D_{i2003}$ 是 i 省 2003 年的 R&D 经费支出，δ 为折旧率，一般取 5%，g_i 为 2003—2012 年 i 省 R&D 经费支出对数形式增长率的平均值。后 9 年的研发资本存量均按永续盘存法进行计算：$S =_{it}^{D} = R\&D_{it} + (1-\delta)S_{i(t-1)}^{D}$，其中 $R\&D_{it}$ 为 i

① 由于中国香港和澳门、英属维尔京群岛、开曼群岛和卢森堡等地的国际直接投资主要出于避税目的，故这里在计算 OFDI 总存量和 FDI 总额时予以剔除。

② Griliches, Z., "The Search for R&D Spillovers", *Scandinavian Journal of Economics*, No. 4, 1992.

省 t 期的 R&D 经费支出，并按消费者价格指数平减，换算成以 2003 年为基期的不变价格。各省份 R&D 经费支出来源于《中国科技统计年鉴》，消费者价格指数来源于《中国统计年鉴》。

S_{it}^{OFDI1} 表示 i 省 t 时期通过向发达国家对外直接投资获得的国外研发资本存量。本节根据 LP（2001）的方法，首先计算 t 时期全国层面通过向发达国家直接投资获得的国外研发资本存量：$S_t^{OFDI1} = \Sigma_{j=1}^{16}(OFDI_{jt}/GDP_{jt})S_{jt}^D$，其中 $j=1$，2，…，16 为本节选取的 16 个发达国家样本，$OFDI_{jt}$ 为 t 时期我国对 j 国的直接投资存量，GDP_{jt} 为 t 时期 j 国的国内生产总值，S_{jt}^D 为 t 时期 j 国国内研发资本存量，S_{jt}^D 计算方法与我国国内研发资本存量（S_{it}^D）测算相同。其次计算各省份通过向发达国家直接投资获得的国外研发资本存量：$S^OFDI1_{it} = (\frac{OFDI_{it} \times \varphi_i}{OFDI1_t})S^OFDI1_t$，其中 S^OFDI_{it} 为 t 时期 i 各省份 OFDI 存量，由于各省份向发达国家对外直接投资数据无法获得，本节根据商务部公布的各省份“境外投资企业（机构）名录”，计算截至 2012 年年末 i 各省份在发达国家对外投资企业数目所占比重 φ_i，通过直接投资×φ_i 近似估计 t 时期 i 各省份对发达国家直接投资存量，直接投资为 t 时期全国对发达国家直接投资存量。各国 R&D 经费支出来源于联合国教科文组织数据库、OECD 数据库，部分数据缺失采用上下均值替代和 R&D 支出占 GDP 比重估算得到，各国 GDP 和消费者价格指数来源于世界银行数据库，我国及各省份对外直接投资数据来源于《中国对外直接投资统计公报》。

S_{it}^{OFDI2} 表示 i 省 t 时期通过向转型及发展中国家直接投资获得的国外研发资本存量。其计算方法与 S_{it}^{OFDI1} 类似，首先计算 t 时期全国层面通过向转型及发展中国家直接投资获得的国外研发资本存量：S_t^{OFDI2} =

$\Sigma_{j=1}^{18}(OFDI_{jt}/GDP_{jt})S_{jt}^{D}$，其中 $j=1$，2，…，18 为本节选取的 18 个转型及发展中国家样本。其次计算各省份通过向转型及发展中国家直接投资获得的国外研发资本存量：$S^{O}FDI2_{it}=\left(\frac{OFDI_{it}\times\varphi_{i}}{OFDI2_{t}}\right)S^{O}FDI2_{t}$，其中 $1-\varphi_{i}$ 为截至 2012 年年末 i 各省份在转型及发展中国家对外直接投资企业所占比重，$OFDI2_{t}$ 为 t 时期全国向转型及发展中国家直接投资存量。

$S=^{FDI}_{it}$表示 i 省 t 时期通过外商直接投资获得的国外研发资本存量 $S=^{FDI}_{it}=(FDI_{it}/FDI_{t})\ S=^{FDI}_{t}$，$S=^{FDI}_{t}=\Sigma_{j=1}^{34}\ (FDI_{jt}/GDP_{jt})\ S=^{D}_{jt}$，其中 FDI_{jt} 为 t 时期 j 国流入我国的外商直接投资总额，FDI_{it}/FDI_{t} 为 t 时期 i 各省份外商直接投资占我国总外商直接投资的比重。我国外商直接投资数据来源于《中国统计年鉴》，各省份外商直接投资数据来自于各地区统计年鉴。

$S=^{IM}_{it}$ 表示 i 省 t 时期通过进口贸易获得的国外研发资本存量。$S=^{IM}_{it}=(IM_{it}/IM_{t})S=^{IM}_{t}$，$S=^{IM}_{t}=\Sigma_{j=1}^{34}(FDI_{jt}/GDP_{jt})S=^{D}_{jt}$，其中 FDI_{jt} 为 t 时期我国从 j 国进口总额，FDI_{it}/FDI_{t} 为 t 时期 i 省份进口额占我国进口总额的比重。我国及各省份进口额数据来源于《中国统计年鉴》。

H_{it} 表示 i 省 t 时期人力资本存量。根据 Barro 和 Lee（1993）① 的方法计算：H_{it} =小学比重×6+初中比重×9+高中比重×12+大专及以上比重×16。

各省份就业人员受教育程度比重来源于《中国劳动统计年鉴》。各变量的描述性统计如表 5.1 所示。

---

① Barro，R. and Lee，J. W.，“International Comparisons of Educational Attainment”，*Journal of Monetary Economics*，Vol. 32，No. 3，1993.

表 5.1 各变量描述性统计

变 量	样本量	均值	标准差	最小值	最大值
ln ($TECH$)	300	0.0218	0.0550	−0.1031	0.1406
ln (S^D)	300	3.9198	1.5364	−1.3181	6.7325
ln (S^OFDI1)	300	−2.0088	2.2057	−8.5772	2.3478
ln (S^OFDI2)	300	−3.7480	2.2679	−11.9244	1.1436
ln (S^FDI)	300	0.2470	2.0269	−7.3434	3.3163
ln (S^IM)	300	2.8071	1.7352	−1.7042	6.5145
ln (H)	300	6.7662	0.1287	6.4258	7.1774

二、实证结果与分析

首先，根据 Hausman 检验，本节选择个体固定效应模型进行回归分析；其次，Hausman 内生性检验结果显示，国内研发投入 S^D 与技术进步 $TECH$ 存在很强的内生性问题，故本节采用工具变量法（IVFE）进行处理，具体做法如下：选择人力资本存量 H 、国内研发资本存量滞后一期 S^D_{t-1} 和滞后两期 S^D_{t-2} 作为国内研发资本存量 S^D 的工具变量，选择 H 作为 S^D 的工具变量是因为 H 与 S^D 高度相关，但 H 与 $TECH$ 之间不存在内生性，即人力资本能够影响技术进步，但技术进步对人力资本影响较为微弱。本节利用 Stata 12.0 进行分析，回归结果如表 5.2 所示。

表 5.2 OFDI 国别差异对我国技术进步影响的回归结果

变 量	ln ($TECH$) (1)	ln ($TECH$) (2)	ln ($TECH$) (3)	ln ($TECH$) (4)
C	−0.6752*** (0.1106)	−0.6791*** (0.1104)	−0.7381*** (0.1191)	−0.8080*** (0.1211)
ln (S^D)	0.0460** (0.0192)	0.0456** (0.0192)	0.0584*** (0.0212)	0.0701*** (0.0214)

续表

变　量	ln（*TECH*）（1）	ln（*TECH*）（2）	ln（*TECH*）（3）	ln（*TECH*）（4）
$\ln(S^{OFDI1})$	0.1854*** (0.0284)	0.3622*** (0.1281)	0.1897*** (0.0285)	0.5420*** (0.1464)
$\ln(S^{OFDI2})$	−0.1871*** (0.0269)	−0.1927*** (0.0271)	−0.2004*** (0.0285)	−0.2247*** (0.0298)
$\ln(S^{FDI1})$	−0.0099 (0.0095)	−0.0115 (0.0095)	−0.0113 (0.0095)	−0.0160* (0.0096)
$\ln(S^{IM})$	0.0729*** (0.0161)	0.0727*** (0.0161)	0.0729*** (0.0161)	0.0724*** (0.0159)
$\ln(H)\ln(S^{OFDI1})$	—	−0.0253 (0.0179)	—	−0.0498** (0.0203)
$\ln(S^{D})\ln(S^{OFDI2})$	—	—	0.0021 (0.0015)	0.0042** (0.0017)
F	2.94***	3.02***	3.01***	3.28***
Hausman	33.08***	34.72***	35.82***	42.17***

注：***、**、*分别表示在1%、5%和10%的显著水平上通过检验；括号内的为t值。

根据表5.2的回归结果可以发现，通过不同渠道所获得的研发溢出对我国技术进步影响呈现不同的特征：

第一，中国 OFDI 国别差异对我国技术进步存在显著不同影响。模型（1）至模型（4）结果均显示 $\ln(S^{OFDI1})$ 系数显著为正，说明我国对发达国家直接投资能够获得逆向技术溢出，技术溢出方向为发达国家流向我国；$\ln(S^{OFDI2})$ 系数显著为负，说明我国对转型及发展中国家直接投资不能够获得逆向技术溢出，反而是我国对这些国家产生正向技术输出，技术溢出方向为我国流向转型及发展中国家。我国国内研发资本存量、进口贸易获得技术溢出对我国技术进步存在显著正向影响，而外商直接投资所产生的技术溢出对我国技术进步影响微弱，甚至存在阻碍作用。

第二，我国从对发达国家直接投资获得的逆向技术溢出总额通过人力资本消化吸收。通过模型（4）可以看到，$\ln(S^{OFDI1})$ 和 $\ln(H)$

$\ln(S^{OFDI1})$ 系数均显著，为进一步讨论对发达国家直接投资技术溢出对我国技术进步的净影响，对 $\ln(S^{OFDI1})$ 求偏导，即 $\partial\ln(TECH)/\partial\ln(S^{OFDI1}) = 0.5420 - 0.0498\ln(H)$。若该值大于0，说明通过人力资本消化吸收后的对发达国家直接投资技术溢出对我国技术进步存在积极影响。将表5.1中的人力资本存量均值6.7662代入得：$\partial\ln(TECH)/\partial\ln(S^{OFDI1}) = 0.2050$，说明我国从对发达国家直接投资所获得的逆向技术溢出总额，通过人力资本的调节作用，最终将有很大一部分被我国消化吸收并促进我国技术进步。

第三，我国对转型及发展中国家直接投资的正向技术输出总额通过国内研发成本分摊部分回收。通过模型（4）可以看到，$\ln(S^{OFDI2})$ 和 $\ln(S^{D})\ln(S^{OFDI2})$ 系数均显著，同样地，为进一步讨论对转型及发展中国家直接投资技术溢出对我国技术进步的净影响，对 $\ln(S^{OFDI2})$ 求偏导，即 $\partial\ln(TECH)/\partial\ln(S^{OFDI2}) = 0.2247 + 0.0042\ln(S^{D})$。将表5.1中的国内研发资本存量均值3.9198代入得：$\partial\ln(TECH)/\partial\ln(S^{OFDI2}) = -0.2082$。这一结果一方面说明我国对转型及发展中国家直接投资只存在正向技术输出，不存在逆向技术溢出；另一方面，我国向转型及发展中国家直接投资过程中，通过海外子公司市场规模的扩大和廉价资源的寻求，降低了生产成本，提高了企业利润，这些利润返回母公司用于研发、创新等途径，最终通过国内研发成本分摊效应，促进母国技术进步。

第三节　技术寻求型企业OFDI案例：联想收购IBM

知识经济时代，企业之间的竞争主要集中在科技实力的较量，技术作为能够为企业带来附加值的关键点之一，日益成为行业中主导企业的核心竞争力①。我国企业在不断增强自身科研实力的同时，也把目光投向国际舞台，通过对外直接投资的方式寻求技术、品牌和人才等战略性资产。本节选取了联想收购 IBM 全球 PC 业务这一案例，探讨我国技术导向型企业的 OFDI 战略选择。

一、联想收购 IBM 案例回顾

联想集团是 1984 年中科院计算所投资 20 万元人民币，由 11 名科技人员创办，是一家在信息产业内多元化发展的大型企业集团，更是一家国际化科技公司。从 1996 年开始，联想电脑销量一直位居中国国内市场首位；2013 年，联想电脑销售量升居世界第一，成为全球最大的 PC 生产厂商。

1. 收购动因

20 世纪 90 年代，联想在我国 PC 市场上独领风骚，但随着惠普、戴尔等国际品牌的进入，以及方正、TCL 等国内品牌的竞争，联想 PC 业务风光不在。由此，联想制定了多元化的市场经营战略，但中国市场的残酷现实让联想多元化战略落空。此次重创也让联想决定战略调整，由多元化转向专业化，专注于 PC 业务并向国际化发展。2001 年开始，联想在美国、英国、荷兰和法国等 7 个国家建立了超过 100 家的海外营销渠道，但成效微弱。2003 年，联想国际化收入占其总收入的比例不到 5%。经过试探性的海外经营发现：要想在强手如林的欧美市场站稳脚跟、脱颖而出，联想必须拥有自己的核心技术和营销网络。而要想在短期内获得这两种战略性资产，跨国收购是一条

① 徐佳宾、赵进：《跨国公司技术优势变迁》，《经济理论与经济管理》2004 年第 9 期。

行之有效的途径。

IBM 作为全球 IT 巨头，拥有覆盖全球的强大品牌知名度、世界领先的研发能力、一流的管理团队以及庞大的分销和销售网络，被称为“蓝色巨人”。20 世纪 90 年代开始，IBM 服务业务收入呈不断上升趋势，软件业务基本维持在 15%—18%，PC 业务在 2002—2004 年间亏损累计达 9.65 亿美元。IBM 的市场战略是要全力争夺全球 IT 服务与服务器等高技术、高附加值领域的领先地位，因此 IBM 的 PC 业务与其市场战略“南辕北辙”，这为联想收购 IBM 的 PC 业务提供了契机。

2. 收购过程

2004 年 12 月 8 日，联想集团宣布以 12.5 亿美元的现金和股票收购 IBM 的台式电脑和笔记本业务，同时还包括 IBM 的 5 亿美元净负债，交易总额达到 17.5 亿美元。届时，IBM 将持有联想集团 18.9% 的股份，成为联想的第二大股东。新公司管理层的安排是 IBM 高管沃德出任联想集团 CEO，杨元庆改任董事长，柳传志退居幕后。新联想总部设在美国纽约，员工总数达 1.9 万人（约 9500 人来自 IBM，约 1 万人来自联想集团），在北京和罗利（美国北卡罗来纳州）设立主要运营中心。此次联想收购 IBM 全球 PC 业务，将获得 IBM 在 PC 领域的全部知识产权，遍布全球 160 多个国家的销售网络、约 1 万名员工，以及为期五年内使用“IBM”和“Think”品牌的权利。

3. 收购整合

跨国收购的成功与否，关键在于收购后的企业整合。联想和 IBM 作为两个异国企业，在文化、管理等方面都截然不同。在收购成功后，联想主要通过以下两条途径实现与 IBM 的有效整合：首先，留用 IBM 人才。联想在 PC 领域是国内首屈一指的大型企业，但联想缺乏国际化的经营人才，因此在收购成功后，联想留用 IBM 高层，CEO 由原 IBM 高级副总裁兼 IBM PC 事业部总经理沃德担任，在联想 14 位副总裁中，5 位来自于 IBM。其次，保留 IBM 品牌。根据双方约定，新联想在今后五年内无偿使用 IBM 的品牌，并完全获得“Think”系列商标及相关技术，鉴于 IBM 的高端品牌形象，新联想在并购后大力宣传 ThinkPad 笔记本品牌和 ThinkCentre 桌面品牌，以此作为进军国际市场的敲门砖。与此同时，新联想确定了国内 Lenovo 主打家用消费，IBM 主打商用的策略，两条产品线将继续保持不同的品牌、市场定位，并在性能和价格方面做出相应配合。

二、联想收购 IBM 案例分析

英国学者邓宁（Dunning）曾将一国的资产分为自然资产和战略性资产两种类型。自然资产被定义为地球产出的结果，如一国的石油、天然气和煤炭等矿产资源，而战略性资产则是在自然资产基础之上开发出来的其他资产，如专有技术、商标、组织能力、管理能力和产业结构等。联想收购 IBM，可以说是我国战略性资产寻求型对外直接投资的典型范例。本节主要从技术获取、品牌价值、人才吸收三个角度，对联想收购 IBM 的技术外溢效应进行分析。

第一，联想收购 IBM：核心技术获取。IBM 十分重视技术研发和专利申请，在 PC 业务领域也拥有多项技术专利。有关数据显示，截至 2000 年 IBM 公司在全世界拥有近 34000 项专利，其中在美国有 19000 项。IBM 还是拥有欧洲专利最多的非欧洲企业之一，以及拥有日本专利最多的非日本企业之一①。此外，这次联想跨国并购同时还

① 齐欣：《跨国公司专利战略分析与应对策略构建》，《国际经贸探索》2004 年第 7 期。

包括了IBM在日本和美国的研发中心。技术能为企业带来高额的利润，技术转化为产品是技术价值的一部分，知识产权本身也能带来丰厚利润。IBM全部知识产权在2000年至少创造了10亿多美元的使用权收入。随着并购之后企业的不断整合，原来IBM PC分部的核心技术也将成为联想集团的一部分，为联想集团在PC方面的技术创新奠定较高的台阶。数据显示，2000—2004年间，联想在中国和美国申请的专利总和为1810件，2005—2010年间，联想在中国和美国申请的专利总和为2045件，IBM雄厚的技术基础为联想的研发创新、专利申请等都起到了推波助澜的重要作用。

第二，联想收购IBM：品牌价值留用。IBM的全称是美国国际商用机器有限公司，于1914年创建于美国，是世界上最大的IT跨国企业，目前拥有全球雇员30多万人，业务遍及160多个国家和地区。在长达100年的发展历程中，IBM已经成为全球家喻户晓的知名品牌，代表着高品质和优良的服务。根据联想收购IBM的协议，新联想在收购后的五年内无偿使用IBM的品牌，并完全获得“Think”系列商标及相关技术。联想通过此次并购，制定了品牌过渡管理战略，即在收购完成后的前18个月，IBM的PC品牌可以单独使用，18个月到五年之间可以采用IBM和联想的双品牌，五年后打联想的品牌。这一战略的实施能借助IBM的品牌价值，提升联想的品牌知名度。同时，享誉全球的战略伙伴和极具号召力的国际品牌将为联想在国际市场上的发展赢得难得的发展机遇。

第三，联想收购IBM：国际人才吸收。美国管理大师德鲁克在并购成功的五要素中指出，公司高层管理人员任免是否得当是并购成功的关键。联想虽然是国内著名的大企业，但是在进军国际的道路上缺乏经验，国际型经营人才缺失，而IBM是大型跨国企业，业务遍及

160 个国家和地区，在跨国经营方面具有丰富的经验。因此，联想在收购完成后，留用原 IBM 高级副总裁兼 IBM PC 事业部总经理沃德为 CEO，这有利于收购整合期的平稳过渡以及推动联想国际化战略的顺利开展。此外，此次收购，联想也将获得 IBM 极具竞争力的技术人才资源。联想在此次收购完成后，未采用降薪和裁员的策略，即原 IBM 个人电脑部门的员工将继续留在新联想，其中 40%的人已经在中国工作。原联想 1.1 万名员工将与 IBM 的近万名员工合并，形成了一个人力资源规模达 2 万人的新联想集团。

三、联想收购 IBM 案例启示

近几十年来，基于技术、品牌等战略性资产寻求的目的，我国企业进行了多种多样的对外直接投资尝试，并积累了丰富的经验。联想收购 IBM 作为一个典型案例，对我国技术寻求型 OFDI 的战略选择提供了诸多启示。

第一，跨国并购是技术寻求型 OFDI 的有效途径。对外直接投资模式主要包括绿地投资和跨国并购。其中，绿地投资又包括新建和合资两种方式，这两种方式无一例外地都呈现“渐进获取”技术的特点，即嵌入东道国高新技术集群，通过研发要素吸收、交流、转移等途径“耳濡目染”，渐进获取，因而对于技术寻求的目的，成效甚缓。相较于绿地投资，跨国并购的最显著特点就在于“直接获取”，即直接获得并购企业的全部技术、知识产权、人才、品牌和销售网络等战略性资产，因而对技术寻求的目的效果显著。联想收购 IBM 这一种“蛇吞象”式的跨国并购，使得联想在短期内获得 IBM 所有 PC 领域的核心技术、品牌以及技术管理人才，这对其研发创新和技术升级都起到了不可估量的作用。现阶段，我国企业在国内大型跨国公司激烈竞争和国外市场频繁遭遇反倾销的双重压力下，迫切需要提高企业的竞争力，提升国际化经营水平。在这种形势下，以并购的方式寻求战略性资产有利于我国企业迅速扩大企业规模和进入国际化经营的轨道，以规模效应降低企业的经营成本，以寻求到的战略性资产发挥企业的后发优势，增加我国企业与大型跨国公司竞争的能力。

第二，目标选择是技术寻求型 OFDI 的首要任务。当企业确定以跨国并购的方式开展对外直接投资后，接踵而至的问题就是选择哪个公司进行并购。技术寻求型 OFDI 的目的在于获取先进技术、品牌价值和技术人才等战略性资产，因此，并购公司的选择应该紧紧围绕以上几点展开。以联想收购 IBM 为例，IBM 这一品牌家喻户晓，拥有极高的品牌价值，同时在 PC 领域具有世界领先的技术和一流的管理团队，这些正是联想通向国际舞台所需要的战略性资产，基于这些目的，联想选择 IBM 作为收购目标。因此，在我国企业跨国并购的过程中，应重点关注那些领域内技术水平先进、品牌价值高端、技术人才丰富的公司作为并购目标，通过并购获得目标公司的全部战略性资产，以提高母国企业的技术水平和企业竞争力。

第三，并购整合是技术寻求型 OFDI 的关键步骤。跨国并购成功与否的关键在于并购完成后的并购整合。两个异国企业在技术水平、人力资源和品牌价值等方面都存在显著差异，如何在并购后实现两者的顺利对接成为并购成功的关键问题。以联想为例，在并购成功后，联想通过留用 IBM 高级人才，保留 IBM 高端品牌的整合方式，有效地实现了并购过渡，推动了联想海外经营的国际化进程。因此，我国企业通过跨国并购进入国际市场后，决不能掉以轻心，应重点关注并购过渡期间的整合问题，可以通过并购公司人才留任、品牌留用以及技术交换等途径实现人才、品牌和技术的“三对接”。

第六章　新科技革命背景下中国企业市场寻求型 OFDI 研究

第一节　新科技革命背景下中国夕阳产业 OFDI 机理与实证

一、夕阳产业转移发展

根据产品生命周期理论，产品的生产要经历形成、成长、成熟、衰退的周期[①]，夕阳产业指的是产业生产的产品已经经历过形成、成长、成熟阶段，即将或已经进入衰退期。夕阳产业大多属于劳动力密集型或资源密集型企业，其基本特征表现在随着新产品、新技术的出现，夕阳产业的产品面临需求不足，产品销量在一段时间内持续下滑，企业效益明显下降，经营利润持续减少，面临即将被淘汰的局面。夕阳产业经过长时间的发展，已经具备相当的规模优势，该类产品的生产技术很难有所突破，难以通过技术的改进或产业规模的扩大降低生产成本。并且，夕阳产业内企业产品生产趋于同质性，产能过剩而竞争激烈，产业收益率明显低于其他产业的平均收益率。

---

① Vernon，R.，"International Investment and International Trade in the Product Cycle"，*Quarterly Journal of Economies*，Vol. 80，1966.

夕阳产业还具有明显的地域性。判断产业是否是夕阳产业，要根据地区的经济发展水平而定。经济发展水平较高地区的夕阳产业，在经济欠发达地区却有较大的市场需求。并且由于夕阳产业劳动力需求较高，对于欠发达经济地区来说，承接由发达地区转移的夕阳产业，不仅能解决当地的劳动力就业问题，还能够很好地促进欠发达地区产业结构提升，促进经济发展。

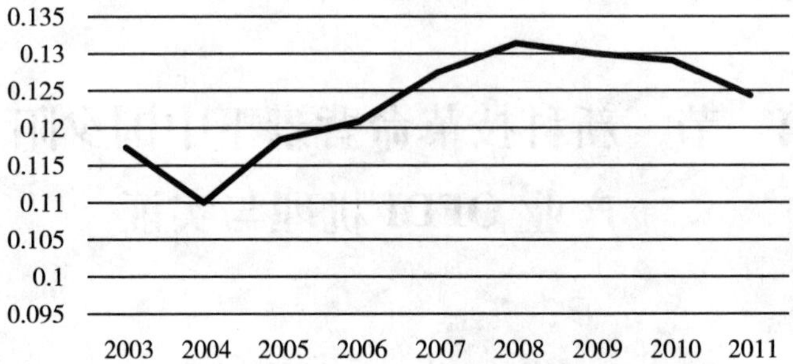

图 6.1　我国纺织、钢铁行业占工业产值比重

资料来源：根据国家统计局数据库数据测算绘制。

我国的夕阳产业主要集中在传统的生产部门，譬如纺织、钢铁、水泥等行业，这类行业不仅对劳动力、资源需求大，而且往往有较为严重的环境问题。由图 6.1 可以看出，我国纺织、钢铁行业占工业产值的比重呈现出先上升后下降的趋势，在 2007 年达到峰值，随后呈现逐渐下降的趋势①。这可能与产业结构的变动及生产技术的变化有关。随着新科技革命的来临，诸多生产工艺发生了革命性的改进和提高，单纯依靠劳动力优势和资源优势发展起来的产业部门，已经不能很好地适应当前我国的经济环境，面临着逐步消亡的局面。因此，夕阳产业能否有效转移，对母国经济的发展，产业结构的调整升级有重要影响。本章重点考察了夕阳产业转移对母国产业结构升级的作用机

① 2012 年国家对工业行业分类发生变化，统计口径不同，因此数据截至 2011 年。

理，并进行了实证分析。

二、夕阳产业转移促进母国产业结构升级的机理分析

1. 产业关联角度

夕阳产业的转移能够对母国其他产业带来关联效应①。关联效应是指，一个企业的生产活动会对处于其上游、下游和其他相关企业的生产带来影响，即产生后向、前向和侧向关联效应。对外直接投资设立生产性企业，对母国产业的影响也包括前向关联效应、后向关联效应以及侧向关联效应。具体而言，前向关联效应是指，转移到欠发达地区的产业，由于能够获取更为廉价的劳动力成本、宽松的环境保护制度等，降低了产品的生产成本。这些产品可以作为母国下游产业的初级材料或者半成品，通过对外直接投资，母国下游企业能够获取更低的初级产品，转移出的夕阳产业为母国生产链下游的企业提供了原料支撑，降低了母国生产链下游企业的生产成本，提高了这些企业的竞争力，促进了产业结构的调整和优化。后向关联效应是指，对外直接投资转移母国的夕阳产业，企业建设初期往往需要较大的固定资产投入，特别是需要购入大量生产设备，建立生产线，这些生产设备增加了母国对这类产品的需求。而进行设备生产的企业，相比于转移出的夕阳产业，技术需求、附加值更高，因此对外直接投资设立生产性企业，促进了母国这些企业的发展，进而促进了产业结构的优化。侧向关联效应是指，在外设立的企业，需要母国提供技术支持、技术服务，因此能够催生母国相关服务部门发展，加深母国企业的专业化分工，促进母国企业向价值链高端移动，优化产业结构。

---

① 赵伟、江东：《ODI 与中国产业升级：机理分析与尝试性实证》，《浙江大学学报（人文社会科学版）》2010 年第 3 期。

2. 竞争效应角度

夕阳产业的转移还能通过影响贸易结构对国内的相关产业产生竞争效应。在外建立的生产部门，通过产品的替代效应，降低了母国同类型企业的产品需求，削弱了这些企业的比较优势。竞争效应主要体现在三个方面，第一，海外同类型的生产部门，相比于母国的企业，可以节省运输成本，绕开贸易壁垒，因此更具有优势，海外的生产部门一定程度上替代了母国原先出口到该地区的产品，对母国相关企业构成竞争，减少了母国企业的海外需求。第二，转移出去的夕阳产业，还能产生"第三国效应"。"第三国效应"是指，在海外直接投资设立的企业，出口产品至海外其他国家，替代了原先由母国直接出口到这些国家的产品。例如，当前由于中国的市场经济地位还未完全被承认，各种针对中国反倾销的调查层出不穷，对国内一些企业的出口带来了不便，而通过在海外建立生产机构，产品可以出口到与这些国家贸易关系更为紧密，贸易壁垒更少的地区，替代了国内出口到这些地区的产品。第三，由于海外廉价的生产成本，当这些生产成本足够低之时，海外生产的产品甚至能直接逆向出口回母国，对母国的产业构成直接竞争。因此，母国还未转移的夕阳产业，或是加速其产业对外转移的速度，或是退出该生产领域，再或是加大新产品的研发，寻找新的生产路径。通过竞争效应，夕阳产业的转移促进了国内产业结构向生产链更高层次运动，加快了母国产业结构的调整和升级。

3. 生产要素重新配置角度

对外直接设立生产性企业，转移母国处于相对劣势或者即将处于相对劣势的企业，对母国最为直接的宏观效应是促进了生产要素的重新分配。夕阳产业主要是劳动力密集型行业，这类行业不仅对劳动力、对资源的需求大，而且往往还具有环境污染大、效益低的特征。

随着一国经济的发展，人均收入水平的提高导致消费偏好发生变化，以及生产技艺、工序、方法的改进，这类行业一方面受到偏好变化而导致消费量减少，另一方面由于新产品的出现替代了该行业的产品，因此夕阳产业的国内市场受到巨大压缩，国内需求减少。而夕阳产业已经发展很长时间，在国内有一定的产业规模，占用了国内大量的生产资源，特别是劳动力资源。能否将这些被夕阳产业占用的资源转移出来，由边际产出低的部门流向边际产出高的部门，对于新兴产业的形成和发展有着至关重要的影响。

例如我国彩色电视机生产行业，经过长时间的发展积累，取得了长足的发展。但由于 LED 技术和液晶技术的出现，加上国民可支配收入的提高，国民更倾向于购买 LED 或液晶电视，传统的彩电行业受到很大挑战，业绩下滑严重。但对于经济欠发达地区来说，这些企业却能很好地适应地区的环境、消费的需求。在经济发展欠发达地区，由于人均收入较低，难以承受 LED 或液晶电视的高价格，因此传统彩电在欠发达地区消费市场仍然广阔。通过将这些夕阳产业转移到欠发达地区，让渡出国内有限的生产资源，“腾笼换鸟”，为高新技术、新兴产业的发展提供了更好的资源要素支持，降低了这些企业的初始投入成本、研发成本，促进了国内产业结构的升级。

4. 母公司效应角度

对单个企业来说，对外直接投资，转移出处于夕阳产业的生产部门，是期望通过国外较低的生产成本，开拓海外市场。这些企业在国内经过长时间的发展，各项技术、管理已经成熟，国内可以直接将一部分固定资产、生产设备转移到欠发达地区，因此初期固定投资量较少。通过生产部门的转移，企业不仅甩掉了业绩下滑的夕阳产业生产部门，减轻了企业的负担，甚至能将这些生产部门扭亏为盈，获取更为丰厚的海外利润。这些海外利润回流至母公司，为母公司进行新产品研发、设计提供资金支持，提高了母公司专业化水平和技术水平，因而夕阳产业的转移也能从微观上促进国内生产结构的升级。

夕阳产业转移促进国内产业结构升级的技术路线图如图 6.2 所示。

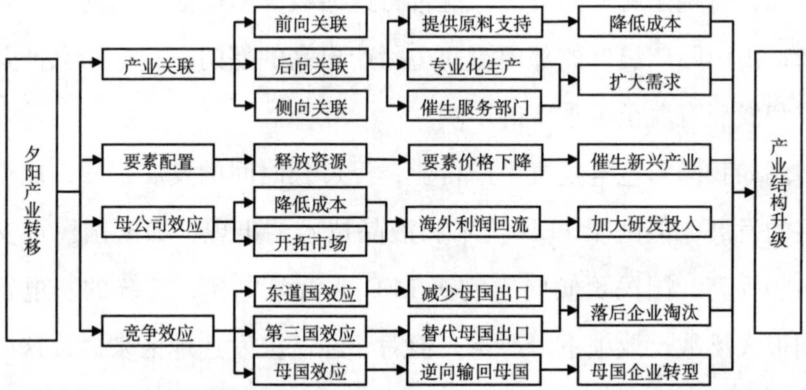

图 6.2　夕阳产业转移促进母国产业结构升级

资料来源：作者绘制。

三、夕阳产业转移对中国产业结构升级的实证检验

1. 模型与数据

按照前文的机理分析，产业转移能够促进国内的产业结构升级。为实证检验产业转移对国内产业结构升级的促进作用，本节借鉴了产业结构分析的标准结构模型，即钱纳里结构模型。钱纳里认为经济增长是生产结构转变的一个方面，以此建立了以人均收入水平为基本自变量并包含 27 个结构变量为因变量的回归方程，模型具体结构如下：

$$x = \alpha + \beta_1 \ln Y + \beta_2 \ln^2 Y + \gamma_1 \ln N + \gamma_2 \ln^2 N + \Sigma \delta_j T_j \quad (6.1)$$

其中，x 表示结构变量，Y 表示一国国民人均生产总值，N 表示一国国民人口总量，T_j 表示基于给定年的时间趋势。钱纳里根据回归结果，得到每一个结构变量随人均收入增长而变化的曲线，称之为标准发展形式。

本节借鉴了该模型，并进行了一定程度的改造以适合我国产业转移的具体情况。首先，基于本节研究目的，在解释变量中引入了 OFDI，且为了使数据有可比性，本节引入的对外直接投资变量是各省份对外直接投资总量占该省份 GDP 的比值。其次是将地区总人口改为各地区就业人口数量，用以衡量规模效应，并保留了各地区人均 GDP 和其二次项，此衡量经济发展过程中的规模效应。由于中国各地区经济发展水平差异较大，并且固定资产投资对产业结构有重要影响，因此模型中加入了固定投资占各省份 GDP 比重作为控制变量。再次是重新选取了产业结构升级变量作为结构变量。如前所述，产业结构的改变不仅体现在第二、三产业产值的比重变化，更体现在第二、三产业内部结构的合理化和高度化。中国经济经过长时间发展，第二、三产业总值在 GDP 中的比重越来越大，而第一产业产值比重降至很低的水平，因此，衡量我国产业结构的调整更应体现后者的变化。本节选用了靖学青（2005）衡量产业结构高级化的方法①，使用产业结构层次系数来反映产业结构的变化，设某地区有 n 个产业层次，将这些不同层次的产业由高层次向低层次排列，各层次产业产值占总产业产值的比例记为 $q(j)$ ，则该地区的产业结构层次系数为：

$$w = \sum_{i=1}^{n} \sum_{j=1}^{i} q(j) \tag{6.2}$$

w 值越高，则一国的产业结构层次越高。将我国产业结构层次分

① 靖学青：《产业结构高级化与经济增长——对长三角地区的实证分析》，《南通大学学报（社会科学版）》2005 年第 3 期。

为第一产业、第二产业、第三产业，按照层次高低排序分别为第三产业、第二产业、第一产业。

因此，修改过的回归模型表示为：

$$W_{it} = \alpha + OFDI_{it} + \beta_1 \ln Y_{it} + \beta_2 \ln^2 Y_{it} + \gamma_1 \ln N_{it} + \gamma_2 \ln^2 N_{it} + IF_{it} + \varepsilon \tag{6.3}$$

其中，ε 表示随机扰动项。

关于产业结构转移与国内产业结构升级的实证研究尚不十分成熟，大多数实证研究的聚焦点往往是从全国宏观层面研究对发展中国家或落后地区的直接投资与中国产业结构升级的关系。这主要是由于缺乏各省份对具体国家直接投资的统计数据。事实上，中国官方有关全国层面对外直接投资的统计始于 2003 年，因此时间序列的分析样本较少，自由度较小，限制了其他控制变量的加入，因而实证的结果缺乏可信性。

在新科技革命的背景下，新技术新工艺不断涌现，人口红利逐渐消退，国内企业发展遭遇瓶颈期，面临成本上升的困局，夕阳产业在国内的经营难以持续。由于其他发展中国家和欠发达地区生产成本较国内低，因而这也是其他发展中国家和欠发达地区对我国企业的最大吸引力之一。而首先转移到这些地区的企业，根据比较优势理论，主要是处在即将被淘汰的产业也即夕阳产业。因此，在缺乏中国各省份对外直接投资行业细分数据的情况下，用各省份对其他发展中国家和欠发达地区的直接投资额作为各省份夕阳产业对外直接投资额的替代是合理的。

由于各省份向发展中国家直接投资数据无法获得，本节根据商务部公布的各省份《境外投资企业（机构）名录》，计算截至 2012 年末 i 省份在发展中国家直接投资企业数目所占比重 φ_i，通过 $OFDI_t$ ×

φ_i 近似估计 t 时期 i 省份对发展中国家直接投资存量，$OFDI_t$ 为 t 时期全国对转型及欠发达国家的直接投资存量。本节选择的发展中及欠发达国家样本包括：巴基斯坦、韩国、哈萨克斯坦、马来西亚、蒙古、泰国、新加坡、伊朗、印度、印度尼西亚、南非、俄罗斯、巴西、赞比亚、哥伦比亚、墨西哥、土耳其、阿根廷，共 18 国。之所以选择这 18 个国家是因为，这些国家是中国对外直接投资的主要非发达国家，至于另外一部分发展中国家和欠发达地区，由于中国对其直接投资额较小，影响较小，因此不予考虑。此外，各省份就业人口数据和各省份人均收入数据均来自国泰安数据库。

各变量的统计描述如表 6.1 所示。

表 6.1　各变量描述性统计

	样本量	均　值	标准差	最小值	最大值
W	310	2.243694	0.139097	1.820668	2.756162
$OFDI$	310	0.4028	0.563966	0.001223	5.744704
IF	310	0.566588	0.165637	0.253577	0.9946555
$\ln Y$	310	0.705823	0.673512	−1.02082	2.231873
$\ln^2 Y$	310	0.950341	1.119445	0.0000199	4.981256
$\ln N$	310	7.454301	0.923416	4.888919	8.787876
$\ln^2 N$	310	56.41655	13.1041	23.90154	77.22678

2. 实证分析与结果

表 6.2 是通过 stata12.0 得出的结果。由 F 检验可知，固定效应模型优于混合 OLS 模型，BP 检验的结果强烈拒绝不存在个别随机效应的假设，认为随机效应优于混合回归。由 Hausman 检验可知，固定效应比随机效应更有效率，应当选取固定效应。

表6.2 夕阳产业转移促进母国产业升级回归结果

解释变量	固定效应（1）	随机效应（2）	混合OLS（3）
ofdiing	0.0329** （2.18）	0.0238* （1.70）	0.0148 （1.13）
lnY	0.121*** （3.30）	0.0870*** （3.81）	0.0519** （2.50）
lnY^2	0.0123 （0.89）	0.0273** （2.15）	0.0474*** （3.84）
lnN	0.211 （0.40）	0.278* （1.80）	0.254*** （2.83）
lnN^2	−0.00524 （−0.13）	−0.0200* （−1.84）	−0.0185*** （−2.91）
gdzctr	−0.319*** （−3.82）	−0.154*** （−2.99）	−0.0764* （−1.91）
_cons	1.037 （0.55）	1.296** （2.41）	1.348*** （4.30）
F检验	17.16***		
BP检验		50.79***	
Hausman	0.0937*		

注：***、**、*分别表示在1%、5%和10%的显著水平上通过检验；括号内的为t值。

由固定效应的结果可知，OFDI系数为0.0329，系数为正并且在5%的置信区间上显著。但系数相较于人均收入水平来说并不大，这主要是因为促进产业结构升级的因素有很多，并且相较于对外直接投资的母国效应，其他因素的影响更为直接。此外，我国对外直接投资起步较晚，对外直接投资占GDP的比重较小，并且对发展中国家的直接投资只占我国对外直接投资的一部分，因此对产业结构升级转型的促进效果相对较小。此外，随机效应模型系数为0.0238，在10%的置信区间显著，混合 OLS 回归系数也为正，说明对其他发展中国家及欠发达地区的夕阳产业转移确实促进了我国产业结构的升级，对我国产业结构的优化起到了一定的积极作用。

在新科技革命的背景下，科学技术日新月异，如何把握新的发展机遇，促进我国产业结构升级，使得我国产业配置更加合理，提高生产效率和企业经营绩效，成为当下中国需要关注的重要话题。由以上分析可知，我国夕阳产业的转移确实对我国国内产业结构升级有着积极的影响。主要体现在，夕阳产业的转移不仅给国内的各产业带来关联效应，在外建立的生产性部门跟国内的相关企业产生了竞争效应，一方面加速了落后的夕阳产业的淘汰，另一方面促进了其中一些企业的研发转型。更为重要的是，在中国经济经历几十年的粗放型快速发展阶段之后，环境问题、劳动力成本上升问题等日益凸显，如果不能紧扣新科技革命的时代脉搏，加快企业创新，加大对新工艺新技术的投入，提高新兴产业在国民经济中的地位和作用，对中国经济的发展无疑是巨大的制约。从长期来看，由于发达国家在科技领域比较优势的进一步形成，如若当下中国不能借新科技革命的良机，使得中国从产业价值链低端向价值链高端转型，我国的产业结构将进一步被发达国家锁定，中国企业的国际竞争力将会受到削弱，这对我国经济长期健康发展是极为不利的。而我国夕阳产业的走出去，为新兴产业发展节约了要素资源，使得要素资源能够更多地流向科技企业、高附加值企业，“腾笼换鸟”，为我国产业结构的转型升级注入新的活力。因此，我国现阶段应当充分利用新科技革命的契机，一方面加快国内夕阳产业有计划、有节奏地转移出去，另一方面要注重引导资源流向高科技等新兴产业部门，这对于提高我国经济的长期竞争力和经济高质量发展有重要意义。

第二节 新科技革命背景下中国服务业OFDI的机理与实证

一、中国服务业对外投资发展

相比制造业和其他产业的对外直接投资，服务业的对外直接投资具有固定资本投入少的特征，因此这类型的对外直接投资门槛较低，也是我国企业寻求东道国市场的主要方式之一。此外，由于服务产品大多具有不可转移性，因而企业对外直接投资，对于提高产品的竞争力有重要意义。

近年来，在新科技革命的背景下，科学技术发展迅速，特别是在信息技术领域、互联网领域、计算机领域取得了突破性的进展。信息技术的提升，互联网的发展，便利了国与国之间的联系，刺激了国际资本的流动。新科技革命使得跨国企业母公司和子公司之间的信息沟通更为顺畅，加强了母公司对子公司的有效控制，也促进了子公司对母公司信息的及时反馈，这就有力地推动企业组织管理成本的下降，拓展了企业规模经济的边界。可以说，新科技革命使得服务业跨国投资方式发生了巨大变革，为服务业的对外直接投资提供了强有力的技术支持，使得许多服务业的跨国投资由不可能变为可能，有效地促进了我国服务业对外直接投资的发展。

服务业的对外直接投资是我国 OFDI 的重要组成部分，然而，服务业对外直接投资对我国的经济结构存在怎样的影响？服务业对外直接投资是否促进了国内产业结构的调整和升级？本节从服务业对外直接投资对我国产业结构影响的视角，重点对服务业对外直接投资对我国产业结构调整的影响途径进行了考察，并进行了实证分析。

二、服务业 OFDI 对中国产业结构影响的机理分析

1. 影响对外直接投资结构

服务业对外直接投资，主要包括交通运输业、仓储物流业、批发和零售业、银行保险业和咨询服务业。这些行业与制造业的发展息息相关。在新科技革命的背景下，随着国际产业间、产业内分工程度的加深，制造业企业更倾向于将一些生产经营活动，特别是企业生产活动中的服务环节剥离出去，而只将核心的生产环节留下。外包的服务环节可以由专门的服务企业提供。相较于制造业企业自己设立服务部门，由专门的服务企业提供服务具有规模效应的优势，因此不仅能提高提供给制造业企业服务的质量，还能降低制造业企业的经营成本。因此，科学技术的进步、制造业的发展为服务业的发展提供了广阔的需求，而服务业的发展则对制造业的专业化生产提供了有力支撑。

国内服务业的对外直接投资，为国内制造业等其他行业走出去提供的服务支撑，降低了制造业等行业企业对外直接投资的风险，从而从对外投资结构上影响国内产业结构。对外直接投资服务业可以为国内相关企业提供准确的市场信息，为国内企业进行正确的投资选择提供了重要保障，消除了由于信息不对称而带来的企业经营风险。这主要体现在：第一，国内企业由于对国外制度环境、风俗习惯、市场需求缺乏直接的了解，因此进行对外直接投资的风险极大。通过服务业的走出去，投资到国外的咨询行业，能够为国内企业投资提供准确的咨询，进行专业化的投资指导，帮助国内企业认识东道国的国情、法律法规，并且在必要时能为企业提供法律咨询服务，帮助国内企业走

出去。第二，由于对海外市场缺乏充分的了解，国内企业难以把握海外消费者的消费偏好和需求量，这就给企业对外直接投资的规模、生产产品种类的确定带来不确定性，而海外服务企业能够为国内企业搜寻海外市场信息，并将信息传达给生产企业。相比国内企业自己去寻求市场信息，海外服务性企业具有更专业化的水平和靠近市场的优势，因而进行信息搜寻、处理的能力更强，成本也更低。通过海外服务性企业发挥信息中枢的职能，产业部门可以进行更为专业化的生产，并且能够及时地依据市场变化来调整产出数量和产品种类，从而提高企业的经营业绩。第三，对外直接投资设立的服务业企业通过国际结算服务、仓储管理、物流运输服务，帮助国内对外直接投资形成完善的营销网络。企业在进行海外投资活动时，为避免风险，节约资金，倾向于选择将企业生产的核心部门先转移出去，配套的服务则更倾向于外包出去，而国内对外直接投资设立的服务机构成为国内其他企业对外投资的优先选择。服务业的外包促使了企业能够进行更为专业化的生产，提高了企业的经营效率。这些承接服务外包的服务业企业可以帮助对外直接投资的企业寻找稳定的客户资源，提供交通运输服务、仓储保管服务，更能够帮助企业进行产品的宣传，帮助企业打开海外市场。

2. 影响国内的出口结构

在海外设立的服务业企业还能够促进我国的出口。在新科技革命的背景下，制造业和一些生产性服务业的界限越来越模糊，工业产品的功能也渐渐趋于服务化，例如家电产品。对于提供某种服务的产品来说，对客户的服务水平对企业的发展有着至关重要的影响，对制造业企业竞争力有着重要影响。中国很多制造业产品，特别是家电产品出口到国外后，需要为客户提供安装、调试、产品咨询等服务。客户对产品的满意程度不仅与产品本身的质量、功能有关，更与产品的售后服务息息相关。当前，出口仍然是我国经济增长的重要驱动因素，提升出口规模和质量对我国经济的持续发展，产业结构的优化有重要影响。

企业通过对外直接投资设立服务性机构或企业，对我国企业的出口带动作用主要体现在：首先，在海外设立的服务机构能够为海外顾客提供更优质的服务，提升出口产品的竞争力，提升出口企业的软实力，从而促进了国内该类产品的出口。其次，在外设立服务性机构或企业还能帮助企业形成品牌效应，是国内出口企业的海外名片。这些服务性机构可以帮助企业进行海外市场的营销、广告宣传，为企业制定科学的经营策略提供信息支撑，进而帮助企业打开海外市场，扩大企业知名度和影响力。最后，在外设立服务性企业能够降低企业的出口成本。具体而言，我国商贸服务类对外投资的主要职能有进出口服务、接受订单和仓储服务、产品推广和销售、收集产品信息、联络客户和售后服务等。因此，商贸服务类对外投资可降低我国企业出口成本。

3. 影响国内上下游企业的关联

服务业对外直接投资，对国内相关产业的影响包括以下两点：对我国服务业发展起到推动作用，对我国制造业发展存在促进作用。

首先，服务业的 OFDI 带动了我国国内服务业企业的产生和发展。服务业的对外直接投资很大一部分流向了发达国家，这对于我国有重要意义。我国经济在过去的数十年里取得了巨大进步，经济结构也发生较大变化，第三产业在国民经济中的地位越来越突出。而服务业作为第三产业的重要组成部门，其发展对整个国民经济的良好运行有至关重要的作用。由于服务业具有知识密集型的特征，因此技术是服务业发展的重要推动力量。通过对发达国家的投资，不仅可以通过与发达国家构建社会关系，获取发达国家成熟的管理经验及相关技术，促进缄默知识更有效地转移，还能直接将我国服务业嵌套至发达国家的创新研发网络中。在海外学习到先进技术的企业，可以将先进管理方式、经验扩散到母公司和国内其他服务业企业进而提升国内服务业发展水平。并且，先期对外直接投资的服务业企业还能为国内其他企业带来示范效应和竞争效应，促使国内其他企业加强研发投入，以及结合自身特点积极进行对外直接投资活动，提高我国服务业的国际竞争力，带动国内服务业的整体发展。

其次，生产性服务业是随着制造业的发展、生产的专业化而出现的，制造业的发展为生产性服务业的发展提供了广阔的市场，但生产性服务业的发展也能带动其他产业的发展。生产性服务业是知识的转化器，为制造业提供了技术、知识、资金以及基础服务等支持，降低了制造业的成本，提高了制造业的专业化水平，从而促进了制造业特别是高端制造业的产生与发展。因此生产性服务业的发展能够促进国内产业结构向高级化调整。

服务业促进我国产业结构升级技术路径如图 6.3 所示。

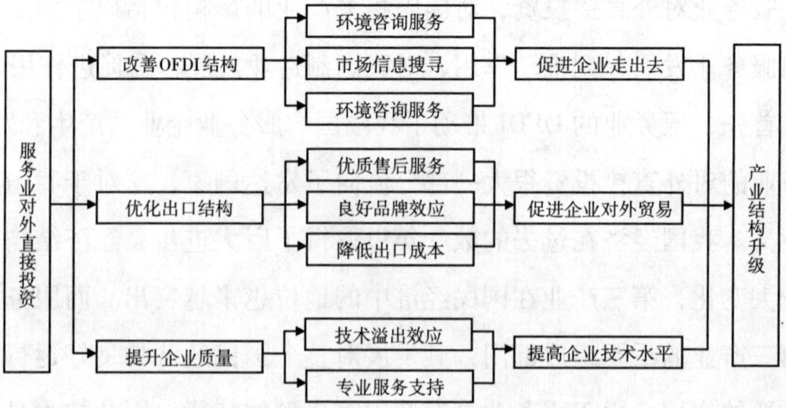

图 6.3　服务业促进母国产业结构升级

资料来源：作者绘制。

三、服务业促进中国产业结构升级的实证研究

本节的实证研究同样采用了改进的钱纳里模型，将上文的对发展中国家的夕阳产业转移变量换成了对发达国家服务业的投资变量，模型结构为：

$$W_{it} = \alpha + OFDI_{it} + \beta_1 \ln Y_{it} + \beta_2 \ln^2 Y_{it} + \gamma_1 \ln N_{it} + \gamma_2 \ln^2 N_{it} + IF_{it} + \varepsilon \tag{6.4}$$

由于各省份向发达国家对外直接投资数据无法获得，本节根据商务部公布的各省《境外投资企业（机构）名录》，计算截至 2012 年末 i 省份在发达国家直接投资企业数目所占比重 φ_i，通过 $OFDI_{it} \times \varphi_i$ 近似估计 t 时期 i 省对发达国家直接投资存量，$OFDI_t$ 为 t 时期全国对发达国家直接投资存量。本节选择的发达国家样本包括：澳大利亚、奥地利、比利时、加拿大、捷克、丹麦、爱沙尼亚、芬兰、法国、德国、希腊、匈牙利、冰岛、爱尔兰、以色列、意大利、日本、卢森堡、荷兰、新西兰、挪威、波兰、葡萄牙、斯洛伐克、斯洛文尼亚、西班牙、瑞典、瑞士、英国、美国、保加利亚、克罗地亚、塞浦路斯、拉脱维亚、立陶宛、马耳他、罗马尼亚、安道尔、百慕大、列支敦士登、摩纳哥、圣马力诺共 42 个国家。

各变量的统计描述如表 6.3 所示。

表 6.3 各变量描述性统计

	样本量	均值	标准差	最小值	最大值
W	310	2.243694	0.139097	1.820668	2.756162
OFDI	310	0.135873	0.2128317	0.0010072	1.612549
IF	310	0.566588	0.165637	0.253577	0.9946555
lnY	310	0.705823	0.673512	−1.02082	2.231873

续表

	样本量	均值	标准差	最小值	最大值
ln^2Y	310	0.950341	1.119445	0.0000199	4.981256
lnN	310	7.454301	0.923416	4.888919	8.787876
ln^2N	310	56.41655	13.1041	23.90154	77.22678

表6.4是由stata 12.0得出的结果，由F检验可知，固定效应模型优于混合OLS模型，BP检验的结果强烈拒绝不存在个随机效应的假设，认为随机效应优于混合回归。由Hausman检验可知，随机效应比固定效应更有效率，应当选取随机效应。

表6.4　服务业对外投资促进母国产业升级回归结果

	固定效应（1）	随机效应（2）	混合效应（3）
ofdied	0.116*** (2.64)	0.107*** (2.67)	0.0980*** (2.65)
lnY	0.127*** (3.48)	0.0877*** (3.90)	0.0546*** (2.69)
lnY^2	0.00978 (0.70)	0.0215* (1.66)	0.0384*** (3.01)
lnN	0.263 (0.50)	0.267* (1.76)	0.248*** (2.82)
lnN^2	-0.0113 (-0.29)	-0.0195* (-1.81)	-0.0182*** (-2.92)
gdzctr	-0.320*** (-3.85)	-0.152*** (-2.99)	-0.0763* (-1.93)
_cons	0.993 (0.53)	1.340** (2.53)	1.374*** (4.47)
F检验	17.67***		
BP检验		49.28***	
Hausman检验	10.71		

注：***、**、*分别表示在1%、5%和10%的显著水平上通过检验；括号内的为t值。

由随机效应的结果可知，OFDI系数为0.107，系数为正并且在

1%的置信区间上显著。并且系数相较于人均收入水平来说较大，说明我国对发达国家的直接投资对我国产业结构升级作用较为明显。此外，随机效应模型系数为 0.116，在 1%的置信区间显著，混合 OLS 回归系数也为正，说明我国对发达国家的直接投资确实促进了我国产业结构的升级，对我国产业结构的优化起到了一定的积极作用。

第三节　市场寻求型企业 OFDI 的案例：天利纺纱项目

随着经济全球化的不断深入，采购、生产和销售的全球化已是大势所趋。我国在积极“引进来”的同时，也要大胆“走出去”，以充分利用国内国外“两个市场”和“两种资源”。近年来，我国劳动力成本不断上升，诸如纺织、服装等劳动密集型行业产能严重过剩，国内市场趋于饱和，本节选择山西天利实业在毛里求斯投资建厂这一案例，分析我国如何利用东道国市场环境进行纺织业境外投资，以绕开贸易壁垒、拓展海外市场。

一、天利纺纱（毛里求斯）项目回顾[①]

20 世纪末期，中国棉纺织业工业重复建设严重，由于受到国际市场反倾销和配额限制的影响，造成我国棉纺织业总量相对过剩。政府提出的改革解困方法是走减量增值、调整结构、减员增效的路子，即“压锭、减员、增效”。此外，我国鼓励企业以现有设备和成熟技术，在有条件的国家和地区开展境外加工贸易，带动和扩大国内设

① 戴春宁、王守清：《中国对外投资项目案例分析》，清华大学出版社 2009 年版。

备、技术和原材料出口。

山西省天利实业集团是山西省商务厅所属三大外贸集团之一，公司业务涉及进出口贸易、对外经济合作、国内贸易，也包括焦化、原煤开采、农产品开发、建材加工、工程建筑、纺织品等生产实业以及担保、期货等领域。1999 年，在我国鼓励发展带料、带工境外加工贸易政策的指引下，天利实业经过派员考察、论证，毅然决定在毛里求斯独资兴建境外加工贸易项目——天利纺纱（毛里求斯）有限公司，为外贸企业探索一条新的发展之路。那么，天利实业为什么选择在毛里求斯投资兴建纺纱厂，而不是其他国家呢？

毛里求斯位于印度洋西南部，是世界第二大针纺织品出口国，纺织业是毛里求斯的支柱产业，全国共有 480 余家针织、服装加工企业，服装出口占该国出口总额的 84.6%。毛里求斯纺织加工业发达，但纺织企业基本为织造及服装加工，且以针织工厂为主，所需棉纱主要依靠进口。毛里求斯对棉纱需求量大，每年需优质棉纱 5 万吨，因此棉纱市场潜力巨大。除此之外，毛里求斯拥有得天独厚的投资环境，主要表现在世界主要市场都对毛里求斯的产品日益开放，2000 年签署的《科托努协定》，使包括毛里求斯在内的撒哈拉以南所有国家（除了南非）继续享有对欧盟贸易的优先权；2000 年美国出台《非洲增长与机遇法案》，给予与美国没有自由贸易关系的非洲国家最优惠的市场准入待遇。以上两者意味着在毛里求斯投资经营的跨国公司获得了自由进入欧洲和北美市场的权利。因此，天利实业在毛里求斯投资纺纱厂，一方面满足了毛里求斯对棉纱的强烈需求，另一方面也打破了国际反倾销和配额限制的枷锁，开启了进军欧美市场的“方便之门”。

1999 年，山西天利在毛里求斯投资 7800 万元人民币兴建了天利纺纱（毛里求斯）有限公司（以下简称“天利纺纱”）一期 1.5 万锭项目。天利纺纱一期 2003 年 4 月试生产，7 月底正式投产，是毛里求斯第一家专业纺纱厂，自投产以来，天利纺纱一期的生产和销售形势良好，同时也带动了我国棉纺设备和劳务出口。鉴于一期项目良好的产销局面，为抓住发展机遇，扩大市场份额，天利实业决定投资建设二期项目。2004 年 9 月，中国商务部批复同意天利实业对天利纺纱进行增资扩建。二期项目建设规模为 3.5 万锭，总投资 20016.45 万元。鉴于毛里求斯纺织加工业棉纱生产厂家较少，且高档棉纱生产尚属空白，经过充分的调研和论证，天利实业决定在毛里求斯建设天利第三纺纱（毛里求斯）有限公司以生产高档纯棉棉纱。与此同时，2006 年天利实业向商务部投标建设“毛里求斯天利经济贸易合作区项目”中标，在毛里求斯注册成立了毛里求斯天利经济贸易合作区有限公司，并已开始合作区项目建设。

二、天利纺纱（毛里求斯）项目分析

受国际市场反倾销和配额限制，以及国内市场劳动力成本上升和市场饱和影响，我国棉纺织业可谓“内外交困”。山西天利实业集团审时度势，通过在毛里求斯投资新建棉纺纱厂，绕开贸易壁垒，拓展海外市场，是我国市场寻求型 OFDI 的典型案例。本节主要从海外市场拓展、绕开贸易壁垒等角度，分析天利纺织（毛里求斯）项目的市场寻求效应。

第一，从国内市场角度来看：海外市场拓展。20 世纪 50 年代，随着发达国家劳动密集型产业的转移，中国等广大发展中国家承接了大量的诸如纺织、服装等轻工业。到了 20 世纪末期，我国棉纺织工业重复建设严重，市场趋于饱和，同时劳动力成本不断上升使得这些企业的利润每况愈下。在这样的国内背景下，天利实业决定在毛里求斯投资新建棉纺纱厂，开拓市场，另谋出路。毛里求斯是世界第二大针织品出口国，出口对象主要是欧洲、美国及非洲大陆。虽然毛里求斯纺织加工业发达，但其所需的原材料棉纱却主要依靠进口，且需求量巨大，每年需优质棉纱 5 万吨，毛里求斯本土企业根本无法满足其国内市场需求，因而大多从印度、巴基斯坦和中国进口。正是因为毛里求斯对棉纱有着强烈的需求，天利实业才选择在该国投资新建棉纺厂。数据显示，天利纺纱（毛里求斯）二期项目年产各种棉纱 13000 吨，可见其数量仍远远小于毛里求斯对棉纱的需求。我国国内棉纺织工业市场已趋于饱和，天利实业通过在毛里求斯投资新建纺纱厂，使得原本在国内效益下降、面临淘汰的棉纺织业务重现生机。

第二，从国际市场角度来看：绕开贸易壁垒。虽然根据世界贸易组织（WTO）的要求，关税、配额等传统贸易壁垒逐渐减少，但是越来越多的国家，特别是欧洲国家开始采用反倾销、各种技术性贸易壁垒来抵制外国产品，以保护本国产业。数据显示，中国已经成为世界上遭遇反倾销调查最多的国家，这亦使得我国棉纺织业的对外出口举步维艰。在这样的国际背景下，天利实业选择在毛里求斯投资新建棉纺纱厂，以绕开贸易壁垒，提高利润。根据《科托努协定》的相关规定，毛里求斯企业使用本国生产的棉纱加工成织物、服装出口欧盟，可以享受免关税、免配额的优惠待遇，否则需征收 18%的关税；根据《非洲增长与机遇法案》，包括毛里求斯在内的撒哈拉以南地区的非洲国家生产的部分纺织品、服装出口美国，如所用原料是美国生产或法案范围内受惠国生产的，则可享受免关税的优惠待遇，否则税率为 28%。以上两者意味着在毛里求斯经营的跨国公司基本上获得了自由进入欧洲和美国市场的权利，这对我国棉纺织企业来说无疑是一个重大机遇。天利实业通过在毛里求斯投资新建纺纱厂，一方面开拓了毛里求斯当地市场，另一方面也开启了通往欧美市场的方便之门。

综上，天利纺纱（毛里求斯）项目充分利用了东道国广阔的棉纱市场资源，以及其与欧美相关贸易协定的优惠待遇，突破了国内市场饱和的限制，打破了国际市场反倾销和配额的枷锁，这为我国棉纺织业等劳动密集型企业“走出去”提供了值得借鉴的范例。

三、天利纺纱（毛里求斯）项目启示

随着我国经济结构的不断优化和产业结构的不断调整，市场潜力不足和比较优势逐渐丧失的劳动密集型企业面临三个选择：一是淘汰退出；二是转型升级；三是“走出去”寻找市场。天利纺纱（毛里求斯）项目作为我国棉纺织业“走出去”的典型案例，一方面拓展了海外市场，另一方面打破了国际反倾销和配额的限制，为我国市场寻求型 OFDI 战略选择提供了诸多启示。

首先，纺织、服装加工等劳动密集型企业可通过“走出去”战略拓展海外市场。自 20 世纪末以来，由于劳动力成本不断上升，且市场趋于饱和，我国劳动密集型产业的比较优势逐渐消失。而反观非洲、东南亚、中亚和南美等欠发达国家和地区，大多处于加工制造阶段，因此劳动密集型产业具有广阔的市场空间，且这些国家劳动力价格相对低廉。我国应鼓励轻工、纺织、服装等劳动密集型产业到非洲、东南亚等地开展带料加工装配业务，寻求新的市场增长点。正如天利纺纱（毛里求斯）项目，毛里求斯作为世界第二大针织品出口国，纺织、服装等加工制造业发达，因而市场广阔。天利实业正是看中了毛里求斯的广阔市场，才选择在该国投资新建棉纺纱厂。

其次，充分利用东道国所享有的贸易优惠，以绕开贸易壁垒，减少贸易摩擦。由于《科托努协定》和《非洲增长与机遇法案》，毛里求斯具有自由进入欧美市场的便利，因而在毛里求斯投资经营的跨国公司能够绕开欧美设置的关税、配额、反倾销的贸易壁垒，自由进入欧美市场，这为天利纺纱与欧美自由贸易提供了便利。因此，我国企业在“走出去”拓展市场的过程中，最好选择与我国主要目标市场（如欧盟、美国）具有某种贸易协定关系的国家或地区投资创办企业，这有助于我国企业绕开贸易壁垒，减少贸易摩擦，推动我国企业出口。

最后，借助市场寻求型对外直接投资，推动我国产业升级。现阶段，我国纺织、服装等劳动密集型产业的比较优势逐渐丧失，且这类产业多属于加工制造业，在全球价值链中处于低端位置，亟待转型升级或面临淘汰。通过“走出去”的方式，将这类产业往欠发达国家和地区转移，一方面拓展了海外市场，使这类企业重焕生机；另一方面我国将腾出更多的空间和资源，集中力量发展高新技术产业和战略性新兴产业，并最终推动我国产业升级与结构优化。

第七章　新科技革命背景下中国企业多重混合型 OFDI 研究

第一节　新科技革命背景下企业多重混合型 OFDI 的行为分析

随着我国经济的不断发展，大量的劳动密集型产业，如纺织、服装加工等轻工业面临着国内市场饱和的窘境，国内夕阳产业亟须开拓海外市场。长期以来，我国依靠大规模要素投入，扩大了生产规模，并实现了经济增长，但这种粗放型的经济增长方式是以大量资源消耗为代价的。虽然目前我国经济增长正逐步向集约型发展模式转变，但企业对自然资源的渴求，特别是重工业企业，依然十分巨大，因此资源寻求仍是我国企业 OFDI 的动机之一。随着新科技革命和知识经济时代的来临，效率、技术和创新等核心要素日益成为当今跨国公司竞争的焦点。综上，现阶段我国跨国企业对外直接投资的动机可大致概括为三类：市场寻求、资源寻求和技术寻求三类。

对一国而言，对外直接投资的动机并非是单一的，其对母国整体产业经济的影响也是综合的，企业在对外直接投资的过程中，往往兼具两个动机，甚至三个动机。本书将此类对外投资行为（市场—资源寻求、市场—技术寻求、资源—技术寻求、市场—资源—技术寻求）

概括为企业多重混合型 OFDI。

一、多重混合型 OFDI 的总体分析

本书研究团队参与了中国国际贸易促进委员会《中国企业对外投资现状及意向调查报告》的研究，依托中国国际贸易促进委员会和中国国际商会对中国企业对外直接投资进行了问卷调查。本调查以贸促会的会员企业中曾从事过进出口贸易、企业年收入超过 100 万人民币的企业为对象，采用随机抽样的方法，问卷包括企业对外投资现状、对外投资意向、公司的情况以及对中国政府促进“走出去”的政策和服务体系的看法等问题。调查期间为2008 年 12 月至 2009 年 2 月。问卷回收率为 46%，回收有效问卷为 1104 份，其中有 320 家企业进行过对外直接投资。

针对问卷问题“已进行的海外投资的重要影响因素”，若将“东道国的市场潜力”归为“决定性的因素”或“非常重要的因素”，则认为该企业具有市场寻求的动机；若将“东道国的自然资源”归为“决定性的因素”或“非常重要的因素”，则认为该企业具有自然资源寻求的动机；若将“东道国先进的技术和研发能力”归为“决定性的因素”或“非常重要的因素”，则认为该企业具有技术寻求的动机。在此基础上，将兼具“市场寻求动机”和“资源寻求动机”的企业归为“市场—资源混合型”OFDI，将兼具“市场寻求动机”和“技术寻求动机”的企业归为“市场—技术混合型”OFDI，将兼具“资源寻求动机”和“技术寻求动机”的企业归为“资源—技术混合型”OFDI，将兼具“市场寻求动机”“资源寻求动机”和“技术寻求动机”的企业归为“市场—资源—技术混合型”OFDI。通过问卷数据的分析，我国企业多重混合型 OFDI 在世界各地区的数量分布如表 7.1。

表 7.1　各地区多重混合型 OFDI 企业数量

单位：家

	欧盟	其他发达国家	发达国家总和	发展中国家
市场—资源混合型	16	24	36	44
市场—技术混合型	27	38	54	12
资源—技术混合型①	2	2	4	2
市场—资源—技术混合型	31	33	51	17

注：由于存在一家企业同时投资于欧盟和其他发达国家，且在这两个地区均是多重混合型，故“发达国家总和”可能会小于“欧盟”与“其他发达国家”之和。

资料来源：与 CCPIT 联合调研获取数据。

通过表 7.1 数据可以发现：第一，我国企业对外直接投资的动机并非是单一的，市场—资源混合型 OFDI、市场—技术混合型 OFDI 和市场—资源—技术混合型 OFDI 这三类多重混合型 OFDI 广泛存在，而资源—技术混合型 OFDI 相对较少。第二，投资动机中包含“技术寻求”（市场—技术混合型、市场—资源—技术混合型）的，投资大多集中在发达国家，可见发达国家是全球技术创新的重要发源地；第三，以发展中国家为东道国的对外直接投资，企业往往是基于市场和资源寻求的目的，我国与广大发展中国家所处的经济阶段比较接近，便于我国劳动力密集型等夕阳产业的转移，而非洲等地区的发展中国家往往自然资源丰裕，为我国市场寻求型、资源寻求型对外直接投资提供了广阔空间。

二、市场—资源混合型 OFDI 行为分析

从投资主体看，不管东道国是发达国家还是发展中国家，我国市场—资源混合型 OFDI 的投资主体为私有企业，这与我国对外直接投

① 由于资源—技术混合型 OFDI 企业数目较少，故在本章的分析中将其剔除。

资以民营企业为主体的结论高度一致。上市、私有、合资和外商独资企业的市场—资源混合型 OFDI 在发达国家和发展中国家的数量分布平分秋色，而国有企业的市场—资源混合型 OFDI 更倾向投资于发展中国家（见图 7.1）。这是因为发展中国家的市场经济制度相对不完善，投资风险相对而言较高，国有企业规模大、抗风险能力强，所以国有企业投资发展中国家相对较多。

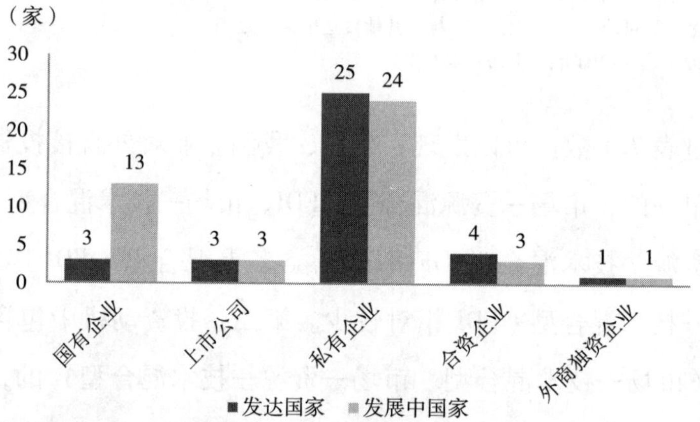

图 7.1　市场—资源混合型 OFDI 投资主体分析

资料来源：与 CCPIT 联合调研获取数据。

从海外经营方式看，不管在发达国家还是发展中国家，我国企业市场—资源混合型 OFDI 的主要经营方式大致相同，其中，最常见的方式为在东道国设立代表处，其次是设立销售办事处，而设立采购中心的海外经营方式最为稀少（见图 7.2）。相较于其他方式，设立代表处一方面能够更好地与母公司进行沟通，执行母公司对外直接投资的战略计划；另一方面，代表处的机构相对较为精简，能够在遇到对外直接投资风险时迅速撤离。

从进入方式看，绿地投资是我国企业市场—资源混合型 OFDI 最常选择的海外进入方式，设立合资企业次之，而跨国并购方式虽发展

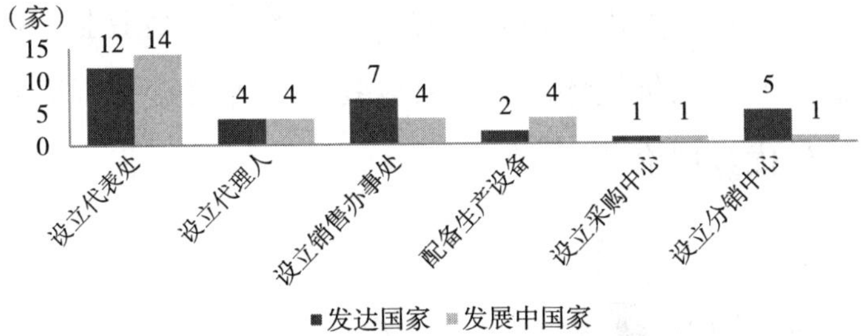

图 7.2　市场—资源混合型 OFDI 海外经营方式分析

资料来源：与 CCPIT 联合调研获取数据。

较快，但仍不是我国企业主流的对外直接投资进入方式（见图 7.3）。我国经济高速增长，使得我国对外直接投资具有充足的资本累积，绿地投资虽然需要大量资金储备，但控制权依旧在母公司手中，母公司对子公司具有绝对的控制权，有效避免了在重大问题决策时控制权缺失等问题。

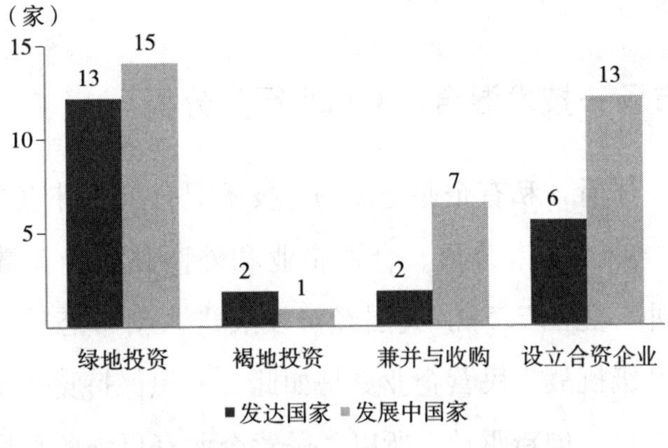

图 7.3　市场—资源混合型 OFDI 进入方式分析

注：绿地投资是指新建直接投资；褐地投资是指拓展或升级现有设施。

资料来源：与 CCPIT 联合调研获取数据。

从对外直接投资行业看，制造业对外直接投资呈“一枝独秀”状态，第三产业对外投资分布较广，但大多小而零散，不成规模（见图 7.4）。改革开放之后，我国的最大优势是劳动力等丰富资源，这就使得我国的优势产业主要体现为劳动力密集型的传统制造业。在对外直接投资中输出的往往是优势产业，所以我国对外直接投资以制造业为主，符合比较优势理论。

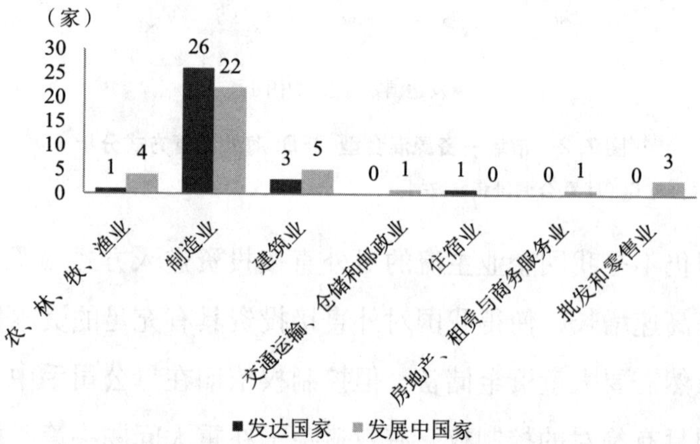

图 7.4 市场—资源混合型 OFDI 行业分析

注：行业分类依据 NACE Code rev. 1.1。
资料来源：与 CCPIT 联合调研获取数据。

三、市场—技术混合型 OFDI 行为分析

从投资主体看，私有企业是市场—技术混合型对外直接投资的主力军，国有企业、上市公司、合资企业和外商独资企业数量并驾齐驱，不分伯仲（见图 7.5）。我国经济发展进入新常态后，企业面临严峻的转型升级挑战，民营企业更是如此。要想保持竞争优势，就必须依靠技术进步、创新驱动。所以，民营企业有更强的意愿投资高科技产业，通过逆向技术溢出效应来反哺母国企业的技术水平。同时，由于发达国家是世界科技创新的中心，所以民营企业投资的区域往往是高科技发达国家，譬如美国、德国等。

从海外经营方式看，市场—技术混合型 OFDI 主要通过设立代表处或设立销售办事处进行海外扩张，而配备生产设备、设立采购中心

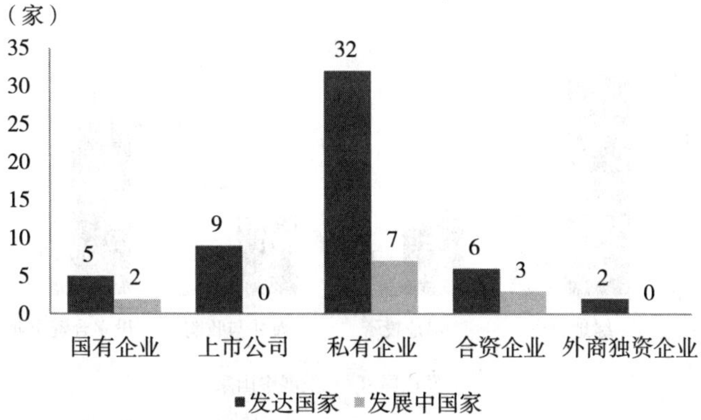

图 7.5　市场—技术混合型 OFDI 投资主体分析

资料来源：与 CCPIT 联合调研获取数据。

等海外经营方式相对较少（见图 7.6）。与市场—资源混合型 OFDI 一致，市场—技术混合型 OFDI 的主要经营方式是设立代表处或者设立销售办事处，也是出于控制权以及风险防控能力的考量。

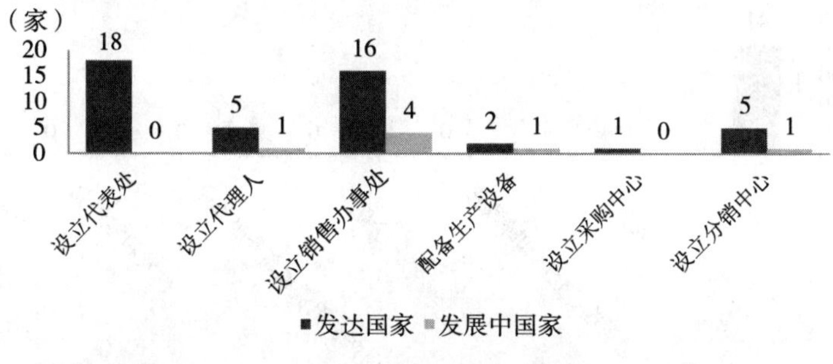

图 7.6　市场—技术混合型 OFDI 海外经营方式分析

资料来源：与 CCPIT 联合调研获取数据。

从进入方式看，大多数市场—技术混合型 OFDI 企业都以绿地投资、设立合资企业作为海外投资的最佳选择，而兼并与收购作为获取国际技术溢出的重要手段，目前仍不是我国企业对外直接投资的主流模式（见图 7.7）。

从对外直接投资行业看，市场—技术混合型与市场—资源混合型 OFDI 一样，制造业是我国对外直接投资的主体，第三产业对外直接

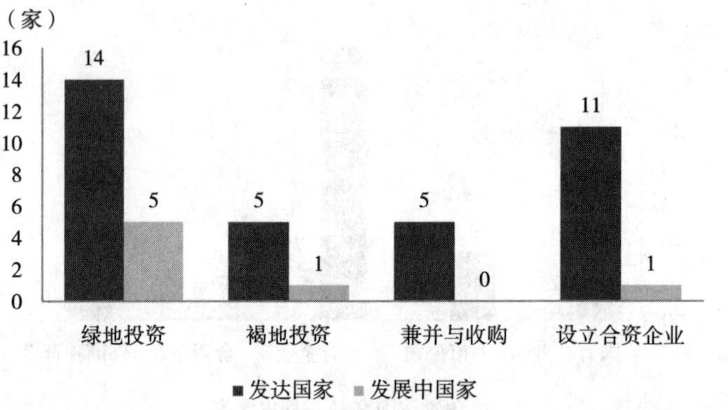

图 7.7 市场—技术混合型 OFDI 进入方式分析

资料来源：与 CCPIT 联合调研获取数据。

投资虽涉及行业众多，但大多“小而散”，在发展中国家则几乎不存在（见图 7.8），这与我国产业发展的脉络也较为一致，制造业不仅是资源、市场寻求型的，也需要对技术进行寻求、消化与吸收。

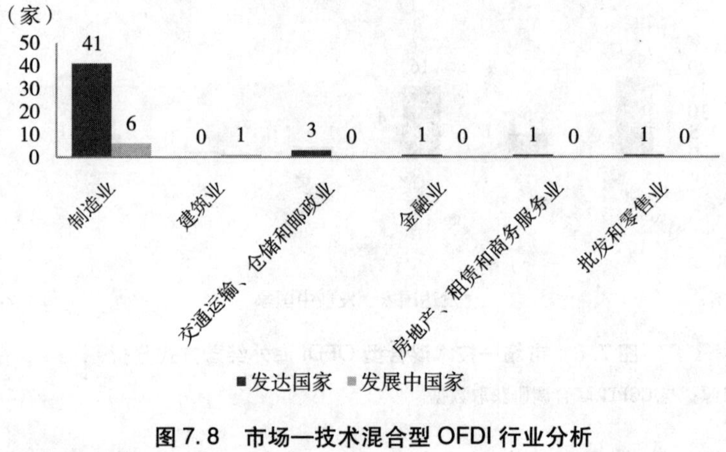

图 7.8 市场—技术混合型 OFDI 行业分析

注：行业分类依据 NACE Code rev. 1.1。

资料来源：与 CCPIT 联合调研获取数据。

四、市场—资源—技术混合型 OFDI 行为分析

从投资主体看，市场—资源—技术多重混合型 OFDI 的投资主体依旧以私有企业为主，私有企业不管从资产规模、资金实力、科研水

平等方面都远逊于国有企业，因而私有企业对市场、资源和技术的渴求更加迫切，因此多重混合型对外直接投资的投资主体更多的是私有企业（见图 7.9）。

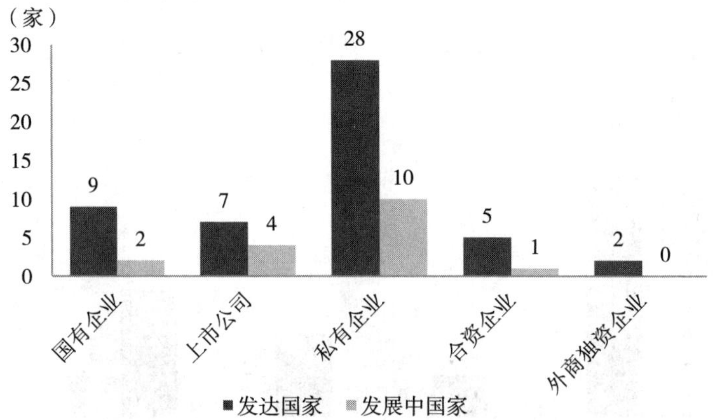

图 7.9　市场—资源—技术混合型 OFDI 投资主体分析

资料来源：与 CCPIT 联合调研获取数据。

从海外经营方式看，东道国是发达国家的情况下，设立代表处是企业多重混合型 OFDI 的主要经营方式，而在东道国是发展中国家的情况下，设立销售办事处的海外经营方式则更为常见（见图 7.10）。

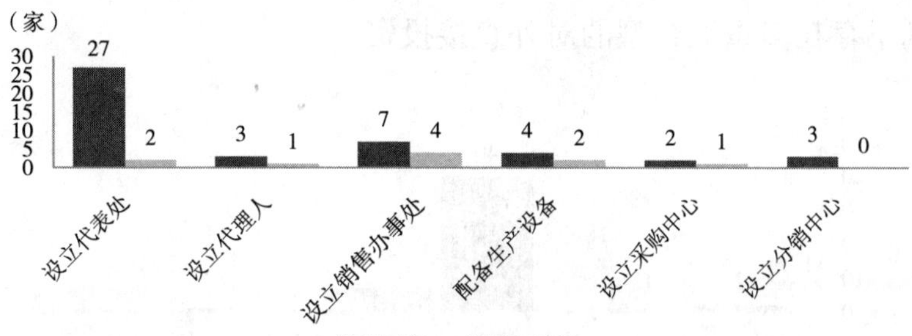

图 7.10　市场—资源—技术混合型 OFDI 海外经营方式分析

资料来源：与 CCPIT 联合调研获取数据。

从进入方式看，我国企业多重混合型 OFDI 的首选进入方式是绿地投资，其次是设立合资企业。绿地投资主要是指在东道国投资新建生产设施，这种方式相对来说耗费成本较大，且不易接近东道国的科技中心。兼并与收购能够很好地吸收优质企业的技术、管理经验以及人才团队，促进我国技术进步，但兼并与收购在我国对外直接投资中仍不够成熟，需要进一步的探索（见图 7.11）。

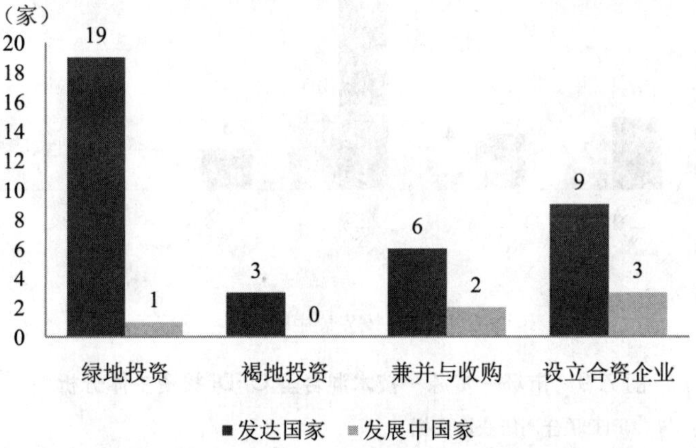

图 7.11　市场—资源—技术混合型 OFDI 进入方式分析

资料来源：与 CCPIT 联合调研获取数据。

从对外直接投资行业看，我国企业市场—资源—技术混合型 OFDI 集中在制造业领域，第一产业对外直接投资十分稀少，而第三产业则不存在多重混合型的对外直接投资。

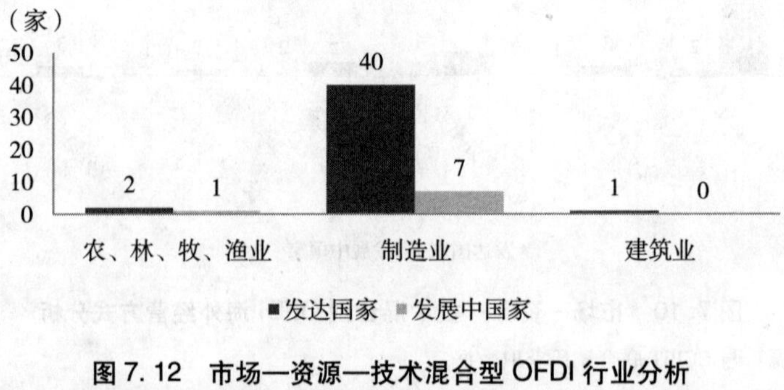

图 7.12　市场—资源—技术混合型 OFDI 行业分析

注：行业分类依据 NACE Code rev. 1.1。

资料来源：与 CCPIT 联合调研获取数据。

综上，我国企业多重混合型 OFDI 主要呈现出以下几个特点：第一，从投资主体来看，私有企业是我国多重混合型 OFDI 的主力军。因为改革开放后民营企业快速发展，但当前又面临着严峻的转型升级压力，亟须通过对外直接投资来获取市场、资源和技术。第二，从海外经营方式来看，设立代表处和设立销售中心是我国多重混合型 OFDI 的首选。因为设立代表处和销售中心的前期投入较小，但却很好地贯彻落实公司的发展理念。第三，从进入方式来看，绿地投资是我国多重混合型 OFDI 的主要模式。一方面是因为我国具有很好的资金基础，另一方面也能更好地开展对外直接投资。第四，从对外直接投资行业来看，制造业海外投资“一枝独秀”。这与我国要素禀赋以及产业优势高度一致。

第二节　中国企业多重混合型 OFDI 国际化经营程度测算

衡量企业的国际化程度可以在两个方向上进行：其一是企业的国际化深度，即企业在国外经营的绩效与企业整体经营绩效的比较，例如可以用国外销售（或净收入）占总销售比率、国外利润占总利润比率、国外资产占总资产的比率、国外员工占总员工的比率等衡量；其二是企业国际化广度，即企业在国外经营的分散程度，例如产品销售区域的分散程度、海外投资的分散程度等指标来衡量。

学术界最常用的衡量跨国公司国际化经营程度的五个指标分别是：跨国经营指数（Trans-nationality Index，简称 TNI），网络分布指数（Network Index，简称 NI），外向程度比率（Outward Significance

Ratio，简称OSR），研究与开发支出的国内外比率（R&D Ratio，简称R&DR），外销比例（Foreign Sales Ratios，简称FSR）。由于本书数据仅涉及企业总收入、企业海外经营收入（包括出口收入和海外销售收入）、企业海外投资的国家（地区）数等，所以我们对衡量企业国际化程度的指数进行了调整，用以下四个指标来衡量我国企业多重混合型OFDI国际化经营程度，即企业海外收入占总收入比率（FSTS）、企业海外投资国家（地区）数（NI）、外向程度比率（OSR）和外销比例（FSR）。

本节对不同类型的多重混合OFDI进行了划分，并在此基础上进行国际化经营程度测算，在删除数据缺失和异常值的情况下，最终得到：市场—资源混合型OFDI企业样本25家；市场—技术混合型OFDI企业样本22家；市场—资源—技术混合型OFDI企业样本18家。在具体测算不同混合型OFDI国际化经营程度之前，我们首先定义各指标计算公式：

（1）企业海外收入占总收入比率（FSTS）=海外经营收入/企业总收入

（2）企业海外投资国家（地区）数（NI）：截至调查期间，企业对外投资国家（地区）数量

（3）外向程度比率（OSR）=企业在海外销售收入/企业总收入

（4）外销比例（FSR）=企业出口收入/企业总收入

一、市场—资源混合型OFDI国际化经营程度测算

本节将25家市场—资源混合型OFDI样本企业按M-R01-25进行编号，分别测算每个企业的FSTS、NI、OSR和FSR指标，具体结果如表7.2所示。

表 7.2 市场—资源混合型 OFDI 国际化经营程度测算结果

企业/指标	FSTS（%）	NI（个）	OSR（%）	FSR（%）
M-R01	15	1	15	0
M-R02	10	1	10	0
M-R03	15	3	15	0
M-R04	44	5	2	42
M-R05	20	3	2	18
M-R06	60	4	24	36
M-R07	60	3	24	36
M-R08	24	1	24	0
M-R09	62	3	38	0
M-R10	5	1	0	0
M-R11	33	1	0	33
M-R12	100	5	0	100
M-R13	51	5	6	20
M-R14	10	2	0	10
M-R15	60	1	0	36
M-R16	1	1	0	1
M-R17	26	1	0	26
M-R18	99	2	0	98
M-R19	90	2	0	81
M-R20	6	5	2	5
M-R21	1.5	1	0	0
M-R22	99	2	0	99
M-R23	20	4	0	4
M-R24	90	5	18	63
M-R25	30	5	5	5
平均数	41	2.68	7	28

资料来源：根据与 CCPIT 联合调研获取数据测算而得。

从表 7.2 可以发现，市场—资源混合型 OFDI 样本企业的海外收入占总收入比率（FSTS）超过 40%，也就是说海外经营收入占企业总收入的比重超过四成，但是这个比重很大程度上是通过企业对外出口拉升的，这一点可以从外向程度比率（OSR）和外销比例（FSR）两栏分析得到。企业海外经营收入包括出口收入和海外销售收入，从OSR和FSR的对比可以看到，样本企业的OSR仅为FSR的四分之一，也就是说，海外经营收入中，出口收入远远大于海外销售收入，即企业对外直接投资而形成的海外销售收入还停留在较低的水准。企业海外投资国家（地区）数（NI）一栏也显示，样本企业平均只在2—3个国家（地区）有对外直接投资行为。综上，我国市场—资源混合型OFDI的国际化经营程度尚处于较低水平。

二、市场—技术混合型OFDI国际化经营程度测算

本节将22家市场—技术混合型OFDI样本企业按M-T01-22进行编号，分别测算每个企业的FSTS、NI、OSR和FSR指标，具体结果如表7.3所示。

表7.3 市场—技术混合型OFDI国际化经营程度测算结果

企业/指标	FSTS（%）	NI（个）	OSR（%）	FSR（%）
M-T01	10	1	2	8
M-T02	30	4	9	21
M-T03	80	1	56	24
M-T04	90	2	0	90
M-T05	60	3	0	60
M-T06	5	4	2	3
M-T07	99	2	0	98
M-T08	50	1	25	25
M-T09	20	2	0	4
M-T10	60	5	0	4

续表

企业/指标	FSTS（%）	NI（个）	OSR（%）	FSR（%）
M-T11	55	3	0	11
M-T12	36	5	3	33
M-T13	20	1	0	20
M-T14	25	4	18	8
M-T15	30	5	5	5
M-T16	61	5	0	39
M-T17	75	1	19	38
M-T18	90	5	81	0
M-T19	80	5	64	0
M-T20	98	1	3	93
M-T21	100	5	0	100
M-T22	70	1	7	63
平均数	57	3	13	34

资料来源：根据与 CCPIT 联合调研获取数据测算而得。

从表 7.3 可以发现，市场—技术混合型 ODFI 样本企业的国际化经营水平较市场—资源混合型 OFDI 样本企业更胜一筹，但存在同样的问题。市场—技术混合型 OFDI 样本企业海外经营收入构成中，出口收入依然占据主导地位，通过对外直接投资形成的海外销售收入占比较低。因此，市场—技术混合型 OFDI 的国际化经营水平仍需不断提高。

三、市场—资源—技术混合型 OFDI 国际化经营程度测算

本节将 18 家市场—技术混合型 OFDI 样本企业按 M-R-T01-18 进行编号，分别测算每个企业的 FSTS、NI、OSR 和 FSR 指标，具体

结果如表 7.4 所示。

表 7.4 市场—资源—技术混合型 OFDI 国际化经营程度测算结果

企业/指标	FSTS（%）	NI（个）	OSR（%）	FSR（%）
M-R-T01	45	1	14	32
M-R-T02	51	5	6	20
M-R-T03	20	3	2	18
M-R-T04	20	2	0	4
M-R-T05	62	4	38	0
M-R-T06	26	1	0	7
M-R-T07	20	1	0	20
M-R-T08	5	1	5	0
M-R-T09	5	1	5	0
M-R-T10	40	1	12	28
M-R-T11	7	1	1	6
M-R-T12	61	5	0	39
M-R-T13	74	1	0	74
M-R-T14	22	2	2	20
M-R-T15	30	3	12	18
M-R-T16	70	2	28	42
M-R-T17	60	3	0	60
M-R-T18	88	1	0	88
平均数	39	2.11	7	26

资料来源：与 CCPIT 联合调研获取数据测算而得。

从表 7.4 可以发现，市场—资源—技术混合型 OFDI 企业的国际化经营水平在所有多重混合型 OFDI 企业中是最低的。在对外直接投资中，要兼顾市场寻求、资源寻求和技术寻求三个动机，相对来说是十分困难的，除非企业具有强大的所有权和垄断优势，当然科研实力也是不容忽视的一部分。这对于我国企业来说是很难全面达到的。而从表 7.4 的数据也可看到，样本企业的 FSR 要显著高于 OSR，说明企业出口远远超过海外销售，因此，对于我国企业市场—资源—技术混合型 OFDI 来说，其国际化程度仍处于较低水平。

第三节　新科技革命背景下多重混合型企业 OFDI 的要素配置

一、多重混合型 OFDI 要素配置的基础

自 20 世纪 60 年代以来，随着国际直接投资的盛行，各国学者开始对这一现象展开研究。主流的国际投资理论包括：垄断优势理论（Hymer，1960）、产品生命周期理论（Vernon，1966）、小规模技术理论（Wells，1983）等。彭罗斯（Penrose，1959）另辟蹊径，提出了“组织不均衡成长”理论。依据彭罗斯的“不均衡”概念，企业是各种要素的组合体，但是企业所占有的各种要素在企业成立之日起就存在着不均衡。企业所面临的不均衡既包括企业在其当前规模下不能有效使用“剩余资产”而产生一种资源过剩的不均衡，即一种“优势不均衡”，比如资金剩余、技术垄断等；也包括企业由于缺乏足够的某些要素而产生的不平衡，即一种“劣势不均衡”，比如市场份额不足、缺乏核心技术等等。

把彭罗斯的不均衡理论运用到企业对外直接投资，可以发现，正是企业资产组合中要素之间的这种不均衡促使企业寻求对外直接投

资。当企业具有某一或某些要素的优势不平衡时，比如企业有大量资金剩余，而市场份额却相对不足时，企业就存在对外直接投资的动力，企业将依托自身的“优势不均衡”，去弥补自身的“劣势不均衡”或使“劣势不均衡”相对变小。同样地，当企业具有某一或某些要素的“劣势不平衡”时，企业同样也存在对外直接投资的动力，如到国外获取先进技术、原材料、廉价或熟练劳动力等。

根据对彭罗斯“不均衡”概念的延伸，我们可以得到：由于企业所拥有的各种要素配置不均衡，促使企业通过对外直接投资弥补自身的“劣势不均衡”或使自身的“劣势不均衡”相对变小，对外直接投资的最终目标就是使企业的各种要素配置达到均衡状态。

二、多重混合型 OFDI 要素配置的影响因素

研究显示，企业对外直接投资所需要的要素主要包括：资金、技术、人力资源、管理经验、机器设备、无形资产六大类①。根据彭罗斯“不均衡理论”，企业正是通过这些要素在国际间的转移配置，最终实现企业要素从“不均衡状态”向“均衡状态”转变。在对外直接投资过程中，影响要素配置的因素分内外两部分，其中内部因素包括要素本身可转移性和企业对外投资动因，外部因素包括母国和东道国的经济环境。具体可见图 7.13。

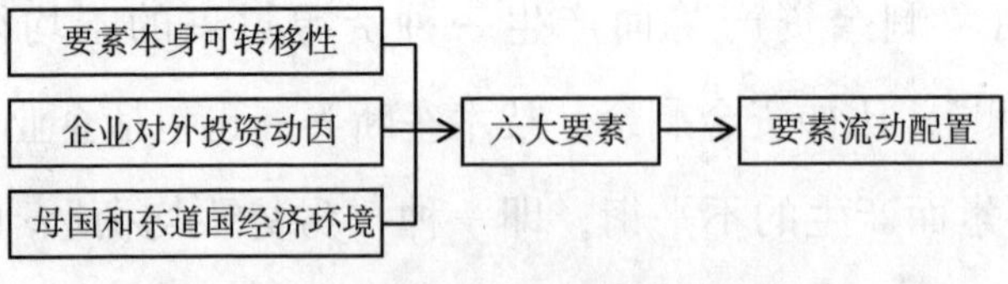

图 7.13　企业 OFDI 要素配置的影响因素

资料来源：作者绘制。

① 王恕立：《不均衡理论与对外直接投资要素流动》，《企业经济》2011 年第 2 期。

第一，要素本身可转移性。要素本身可转移性是指要素在各区域间流动的难易程度。例如上述的六大要素中，资金和机器设备相对于管理经验和无形资产，跨区域流动性更强。随着世界经济不断地一体化，信息技术和交通运输工具的改进，阻碍资金、机器设备进行跨国流动的因素日益减少，而管理经验、无形资产这些要素发生转移在时间上有一个渐近性，尤其是商誉这样的无形资产转移更不可能一蹴而就。此外，要素自身的优势性也是其跨区域转移的一个必要条件。这种优势性可以是绝对的，也可以是相对的。海默（Hymer）就是从优势的决定性出发，解释发达国家具有某些垄断优势的企业对落后国家的投资；而威尔士（Wells）等经济学家从发展中国家所具有的相对优势角度出发，解释了 20 世纪末以来，发展中国家对外直接投资的浪潮。

第二，企业对外投资动因。企业对外投资动因大致可分为市场寻求、资源寻求和战略资产寻求（本书主要指技术寻求）三类。对于我国市场寻求型对外直接投资来说，大多数是劳动力密集型的夕阳产业或者是钢铁、水泥等产能严重过剩的行业，其对外投资的东道国往往是相对落后但市场广阔的发展中国家。因此，在对外投资的过程中，我国企业的生产技术较这些国家占据优势，技术的流动性和优势性较强，同时企业的管理经验、无形资产和机器设备的流动性和优势性也较强。近年来我国劳动力密集型产业和钢铁、水泥等产能过剩行业的经济效益大不如前，因而资金的流动性和优势性一般。而企业在派遣外出人员也需要较大的费用，因而人力资源的流动性和优势性也较为一般。对于我国资源寻求型对外直接投资来说，其主要目的是为母国市场提供稳定的自然资源供应，包括能源和其他原材料，这种对外直接投资往往得到政府的政策支持，投资主体也往往是国有大型企业，因而资金、人力资源、机器设备、管理经验和无形资产都具有较强的流动性和优势性，而相对于制造业来说，资源开采所用的技术多属成熟技术，在国内开采资源所使用的技术在国外一般也同样能用。所以，这类投资对于企业的技术能力要求相对较低，技术的优势性一般，而流动性较强。对于我国技术寻求型对外直接投资来说，这一类投资的目的主要是着眼于企业的长远发展，通过投资学习吸收国外企业的先进技术和管理经验。由于这类投资具有增强企业长期赢利能力的作用，可以被看成是一种长期的战略投资，因此，企业对这类投资项目的内部财务要求（如赢利能力、赢利期限等）会比较宽松，同时企业也会在内部资源方面对其予以倾斜。但企业要能够吸收、消化东道国的技术要素，具备良好的模仿学习、技术管理能力。从这一角度看，具备较强学习能力的企业人力资本及制度设计更加重要。因此，在技术寻求型对外投资过程中，资金具有较强的流动性和优势性，技术、管理经验、无形资产和机器设备的流动性和优势性较差，人力资源的流动性较强而优势性较差。

表 7.5　不同动机下企业对外直接投资要素配置的流动性和优势性分析

动因/要素	资金	技术	人力资源	管理经验	机器设备	无形资产
市场寻求	**，##	***，###	**，##	***，###	***，###	***，###
资源寻求	***，###	***，##	***，###	***，###	***，###	***，###
技术寻求	***，###	*，#	***，#	*，#	*，#	*，#

注：*代表要素流动性弱，**代表要素流动性一般，***代表要素流动性强；#代表要素优势性弱，##代表要素优势性一般，###代表要素优势性强。

第三，母国和东道国的经济环境。经济环境是一个广泛的概念，它包括一国的宏观经济发展、经济政策、法律规范等。母国对企业对外投资的政策支持是其“走出去”的重要影响因素，而东道国的自然禀赋条件、市场潜力、技术优势等，则是影响企业对外投资东道国选择的重要因素。

三、多重混合型 OFDI 要素配置的结果分析

以上讨论了企业对外直接投资过程中要素配置的各类影响因素，本小节针对不同混合动机的对外直接投资，对其要素配置走向进行分析。根据表 7.5，将要素流动性和优势性“强”标记为 3 分，“一般”标记为 2 分，“弱”标记为 1 分，分别对市场—资源混合型 OFDI、市场—技术混合型 OFDI 和市场—资源—技术混合型 OFDI 要素配置的流动性和优势性进行雷达图分析（见图 7.14–7.19）。从雷达图分析中不难发现，第一，我国市场—资源混合型 OFDI 要素配置的流动性和优势性要显著优于市场—技术混合型和 OFDI 市场—资源—技术混合型 OFDI 的要素配置。市场—资源混合型 OFDI 要素的流动性和优势性得分均在 2.5 以上，基于资源获取和市场开拓目的的对外直接投资大多受国内政策支持，其中资源获取动机的投资主体大多为大型国有企业，机器设备、管理经验、无形资产、资金等要素优势性强，可以向东道国转移配置，流动性较强。而市场—资源混合型 OFDI 对技术的依赖相对较小，我国的生产技术（如资源开采等）完全适合东道国的技术水平，因而优势性和流动性都相对较强。第二，对市场—技术混合型 OFDI 和市场—资源—技术混合型 OFDI 来说，由于市场寻求动机和资源寻求动机 OFDI 要素的流动性和优势性都相对较强，这两者的加入，从整体上弥补了技术寻求动机要素流动性和优势性的不足。但是总的来说，技术寻求动机的加入，企业对外直接投资的要素流动性和优势性都受到了明显的影响，在某些高新技术和高端制造行业，我国企业的技术水平与欧美强国的技术水平尚存在较大的差距，

技术优势性和流动性都较弱，对外直接投资过程中，技术学习、跟踪和模仿以及消化吸收是至关重要的环节，人力资源的优势性虽然不强，但其流动性起到了关键性的作用。

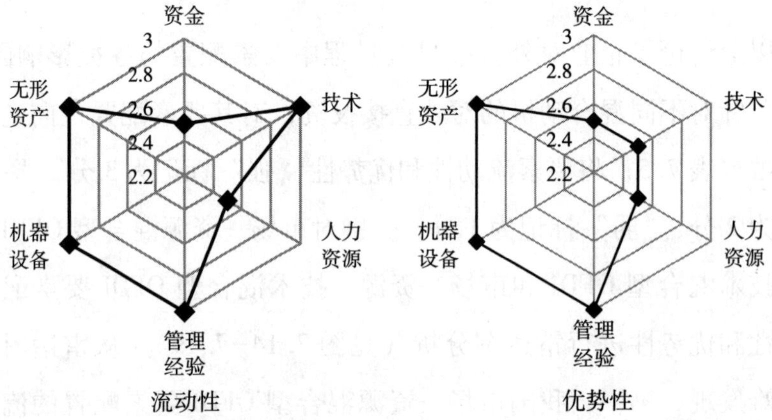

图 7. 14-7. 15　市场—资源混合型 OFDI 要素配置的流动性和优势性分析

资料来源：根据与 CCPIT 联合调研获取数据测算而得。

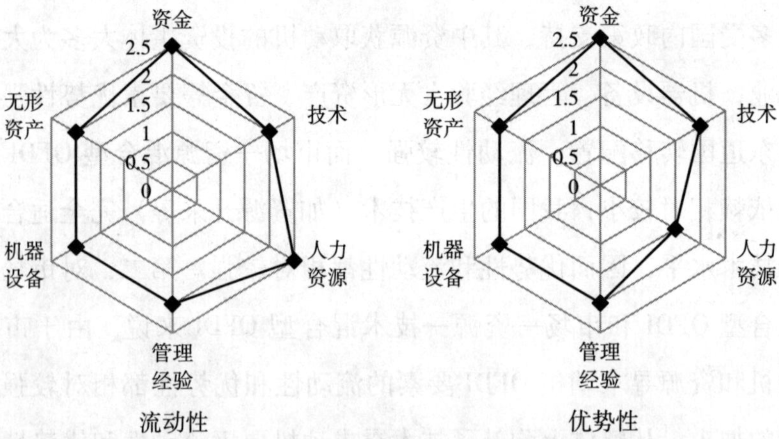

图 7. 16-7. 17　市场—技术混合型 OFDI 要素配置的流动性和优势性分析

资料来源：根据与 CCPIT 联合调研获取数据测算而得。

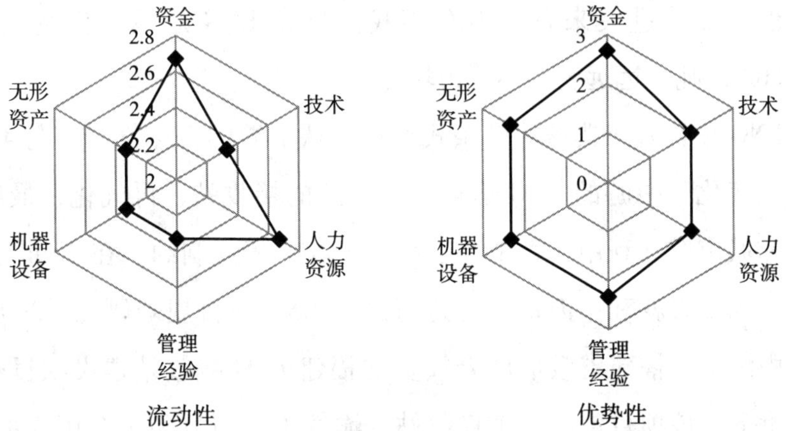

图 7. 18–7. 19　市场—资源—技术混合型 OFDI 要素配置的流动性和优势性分析

资料来源：与 CCPIT 联合调研获取数据测算而得。

第四节　多重混合型 OFDI 案例：印度尼西亚东固液化天然气项目

一、印度尼西亚东固液化天然气项目案例回顾①

天然气因其清洁、高效、低排放和低成本等优势，成为当前发达国家广泛采用的清洁能源，2006 年在全球能源消费中已占 23. 7%，预计 2020 年将达到 28%。由于天然气资源分布不均衡，运输不方便，天然气以液化形式进入市场成为重要选择，因此以液化形式实现跨海运输的 LNG 交易非常活跃。目前中国的能源消费已经跃居世界第二位，但我国的天然气在一次能源消费结构中的比例则远低于美国等消费大国。数据显示，2010 年我国进口 LNG 需求为 2680 万—3620 万

① 戴春宁、王守清：《中国对外投资项目案例分析》，清华大学出版社 2009 年版。

吨，但从目前进展来看，2010 年我国进口 LNG 规模仅仅达到 700 万—800 万吨，远远满足不了市场需求。

LNG 项目属于典型的链条式产业，从上游的天然气开发与生产、天然气液化，中游的 LNG 运输，到下游的接收站、再气化，最后到发电和城市燃气利用，每个环节相互依存，相互制约。在 20 世纪 90 年代，福建省就和中海油一起进行进口 LNG 项目规划研究，2002 年初，中海油与福建省政府联合投资的福建 LNG 接收站建设项目获国务院批准。该项目包括 1 个接收站、输气干线项目和 7 个用气项目，最终用户为电厂和城市燃气用户，下游链条得到保障；中游 LNG 的运输也通过 2005 年与沪东中华造船（集团）有限公司签署的 LNG 运输船建造合同得到落实；上游方面，中海油从 20 世纪 90 年代起就开始寻找气源，通过多年追踪，2002 年 9 月，该项目与印度尼西亚东固天然气项目的生产共享合同方签署了每年 260 万吨供气协议，合同期为 25 年，自此上游气源得到落实。

印尼具有丰富的天然气资源，印尼东固气田位于该国巴布亚省，由印尼石油与天然气监管机构通过签署三份“产品分成合同”的方式，和英国石油公司等生产共享合同方进行气田的联合开发。为保证上游气源的供应，提高价格谈判能力，中海油于 2003 年初收购了三份产品分成合同中名为“Muturi”合同的 44%的权益，并于 2004 年增持至 64.767%，整个交易作价约 3 亿美元。东固项目计划于 2008 年投产，建成后可年产 760 万吨液化天然气，产品将出口到中国、韩国和北美等地。该项目最早签署的长期购销协议（SPA）为 2002 年和中海油参与投资的中国福建液化天然气站线项目签署的每年 260 万吨供气协议，合同期为 25 年。已签署的长期购销协议如表 7.6 所示。

表 7.6　已签署的长期购销协议

购气方	国家、地区	SPA 签署日期	期限	供气量
福建 LNG	中国，福建	2002-9-26	25 年	260 万吨/年
Sempra Energy	北美，西海岸	2004-10-11	20 年	370 万吨/年
POSCO	韩国	2004-7-1	20 年	55 万吨/年
K-power	韩国	2004-8-31	20 年	60 万吨/年

资料来源：戴春宁、王守清：《中国对外投资项目案例分析》，清华大学出版社 2009 年版。

二、印度尼西亚东固液化天然气项目案例分析

随着我国经济的不断发展，能源紧缺的问题日益凸显。在我国的能源消费结构中，天然气消费总量严重滞后于世界平均水平，天然气消费需求与日俱增，市场潜力巨大。印度尼西亚天然气资源十分丰富，通过印尼东固液化天然气项目，成功地把天然气资源引入我国能源消费市场，有效地缓解了我国能源紧张的尴尬局面，该项目是我国市场—资源混合型对外直接投资的典型代表。本节主要从市场开拓和资源获取两方面对这一案例进行分析。

第一，东固项目有效地满足了我国天然气消费的市场需求。国家发展和改革委员会原副主任姜伟新曾在能源战略和改革国际研讨会上表示，我国应大力优化能源结构，以促进多元化、清洁化为主要目标，积极发展水电、核电，加大石油、天然气的开发力度，不断提高清洁能源的比重。2006 年我国天然气消费总量所占比重仅为 3%，远低于世界平均水平 23.7%，前文也已提到，2010 年我国进口 LNG 规模仅能达到 700 万—800 万吨，远远满足不了市场需求。此外，由于各国对 LNG 需求大量增长，现货交易越来越频繁，天然气价格一路走高，致使我国规划的十余座 LNG 接收站中仅有四家拥有稳定气源，整体供求相对失衡。印度尼西亚东固液化天然气项目的成功投产，每

年将有260万吨的天然气输送至我国，有效地满足了我国天然气消费的市场需求。

第二，东固项目有效地缓解了我国能源紧缺的尴尬局面。石油、天然气和煤炭等生产要素是一国经济发展的重要基础，现如今，世界各国都已把它们上升为战略性资源的高度。通过印度尼西亚东固液化天然气项目，我国能够成功获取印尼丰富的天然气资源，并以每年260万吨，共25年，总计6500万吨的总量，源源不断地输送至我国，这对我国具有重要的战略意义。

三、印度尼西亚东固液化天然气项目案例启示

我国多重混合型对外直接投资通过生产要素的国际化配置，达到两个甚至三个的投资目标，中海油投资的印尼东固液化天然气项目作为市场—资源混合型海外投资的典型案例，也给我国企业“走出去”提供了诸多经验借鉴。

首先，由于涉及的投资目标较多，多重混合型对外投资面临着更大的风险，因此在进行海外投资之前，必须对项目进行全面仔细的分析，使得相关风险得到有效控制。东固项目在投产前，中海油等相关利益主体对该项目的市场风险、金融风险、政治风险、环境及社会风险、经营管理风险等，进行了系统和全面的评估，以保证投资的各个环节不出差错，减少纰漏的发生。

其次，积极开展银团贷款和联合融资业务。由于东固项目规模庞大，对融资的要求显得更为严苛，单家银行的金融支持略显单薄，在此背景下，东固项目的融资结构是一个由多家银行参与的国内及国际银团贷款。首先，仅以福建融资部分为例，国内就有工行、农行、建行、国开行和中国进出口银行共5家机构组成银团；其次，对于部分

股本，发起人又以公司融资的方式面向法国兴业等 20 多家国际知名金融机构进行筹资，这部分本身又构成了一个银团。目前，国内企业“走出去”的热情十分高涨，但必须看到面临的风险也十分巨大，任何一家金融机构都难以单独承受潜在的风险，积极联合国内及国际金融机构开展银团或联合贷款业务将是未来的发展趋势。

最后，把握多重混合动机中的关键环节，有主有次，相辅相成。东固项目主要分三个部分，上游部分是寻找天然气资源，中游部分是运输渠道建设，下游部分是接收站建设及用户开拓，其中上游部分的项目是基于自然资源寻求的，而下游部分的项目主要是用于市场开拓的，很明显，这个案例中，最关键的部分在于上游部分，中海油与印尼签署天然气联合开发协议才是这个项目中至关重要的环节。换言之，东固项目的主要目的是自然资源寻求，相对次要的目的则是市场开拓。因此，对涉及多重混合动机的对外直接投资，企业应把握住主要矛盾，突出主要目标，有主有次，才能最终获得成功。

第四篇

专 题 篇

第八章 新科技革命背景下中国企业OFDI的集群模式研究

党的十四大明确提出社会主义市场经济体制改革，我国基本市场制度得以不断完善，乡镇企业、民营企业等中小企业如雨后春笋，异军突起。在此过程中，这些乡镇企业、民营企业往往分布在某个区域，以产业链为纽带、以地域为载体，形成了产业集群，譬如浙江绍兴纺织业、台州汽摩配、永康五金等。随着国内市场不断饱和，民营企业趁着我国全面实施“走出去”战略的东风，积极布局海外市场。由于民营企业规模小、抗风险能力弱，所以在海外投资过程中，企业延伸了产业集群的范围，通过抱团出海、集群共生，形成规模效应，降低海外投资风险。根据浙江省商务厅的数据，以集群模式进驻境外合作区的企业存活率一般都在60%以上，远远高于单打独斗的企业。

第一节 企业集群式OFDI的理论基础

产业集群指的是以特定产业为核心，大量具有分工合作关系的企业集聚在某个区域内，形成了紧密联系。这些企业或者是具有纵向联系，属于产业链上的不同环节进行集聚与整合，或者是具有横向联系，属于同一产业，形成彼此之间的合作与竞争关系。但不论是纵向联系还是横向联系，产业集聚作为一种经济组织形态，得益于在资源、信息等方面的共享，产业集群相较于单个企业依然具有较强的竞争优势和创新优势。马歇尔、威廉姆森、伊萨德、保罗·克鲁格曼、迈克尔·波特、佩鲁等学者对产业集群的优势进行了广泛研究，并提出了外部经济、新制度经济学、区域经济动态、新经济地理、国家竞争优势、增长极等理论，为企业对外直接投资的产业集群研究奠定了基础。

表 8.1　产业集群经典理论及代表人物

	外部经济理论	新制度经济学理论	区域经济动态理论	新经济地理学理论	国家竞争优势理论	增长极理论
代表人物	马歇尔	威廉姆森	伊萨德	保罗·克鲁格曼	迈克尔·波特	佩鲁
产业集群优势	外部经济；专业化分工；市场共享	柔性专业化；灵活生产；网络本地化	技术扩散；创新学习能力增强	规模报酬递增；成本降低	钻石模型；集群竞争优势	倡导政府干预以推动核心产业发展

资料来源：作者根据产业集群理论归纳整理而得。

一、外部经济理论

外部经济理论以外部性为切入口，分析产业集群内企业的专业分工及资源共享，其根本逻辑在于技术等资源具有很强的正外部性。在纵向的产业集群中，中间部门的经济技术外溢会对下游部门产生很强的技术外溢效应，从而提升整个产业链的附加价值。尤其是中间产品进入国际贸易领域，将会加速产业的国际化进程，政府应当大力扶持。在横向的产业集群中，技术将在企业之间、产业之间进行有效溢出，提升整个产业集群的技术进步速度和水平。不仅如此，产业之间也会形成正向效应，即一个产业对另一个产业具有支撑效应，这就需要政府对于支撑效应较强的产业进行培育和扶持。

二、新制度经济学

新制度经济学以制度为切入口，从产业集群的制度层面对其优势进行了分析。一方面，产业集群具有柔性专业化等特征，能够形成较为灵活的生产网络，同时企业在同一区域中联系较为紧密，有更多的机会能够获得信息等资源，从而便利了企业之间的交易，有效降低了交易成本，达到灵活生产的目的；另一方面，产业集群是以区域为载体所形成的，产业集群往往是扎根于某个区域，更加了解地方经济发展，能够形成本地的生产营销网络。

三、区域经济动态理论

区域经济动态理论指出区域产业集群内部的企业在技术创新的过程中，无法真正限制住技术的外溢效应，技术等仍旧能够在产业集群内的企业之间充分流动形成外溢，以此来提高企业的创新学习能力，带动产业集群的整体技术水平上升。譬如一个员工在高技术企业进行工作，接受了高技术企业的培训等，一段时间后跳槽到了低技术企业，那么此时相关技术可能将会从高技术企业转向低技术企业，从而形成技术的流动性。

四、新经济地理学

新经济地理学是从规模效应出发来进行讨论，产业集群内企业所生产的产品具有很强的联系，从而形成生产过程中的规模效应，能够降低单位生产成本，增加规模报酬。

五、国家竞争优势理论

国家竞争优势理论将产业集群放入开放型经济发展的大背景来看，认为国家产业发展不能被既有的比较优势所束缚，而应该积极去探索。在开放型经济中，产业竞争力提升不仅受到国内自然资源、劳动力、资本等要素影响，也会受到国际市场汇率等因素的影响。在此过程中，产业竞争力的提升需要以技术进步为导向来展开，但是产业竞争力的提升已经远远超过了单个企业所能完成的范围，应该是企业集体或者产业集群需要去努力实现的。在此背景下，产业集群对于国家竞争力提升具有重要作用。通过产业集群内部的整合与外溢，培育后发优势来提升国家竞争力。

五、增长极理论

增长极理论拓展了区域经济理论的内涵，区域之间平衡发展对于一个国家很难实现，而国家经济增长需要依靠一个或者多个经济“增长极”来带动，并逐步传递到其他区域。在此逻辑下，不论是区位经济、规模经济还是外部经济，产业集群都是经济增长极培育的重要基础，而且政府应当给予扶持。产业集群往往是在特定区域中自发形成，由某个专业化生产的多个部门集聚形成，形成良性循环，而且具有规模报酬递增、技术外溢等外部效应，而且不断演进将带动所在区域的经济转型升级，在特定区域中形成经济的增长极。譬如我国提出打造“粤港澳大湾区”，正是为了培育区域经济增长极，以此牵引国家经济增长。

第二节　企业集群式 OFDI 的优势分析

马歇尔、威廉姆森等学者从外部经济、生产网络本地化等视角阐述了产业集群的优势，基于这些理论，企业对外直接投资集群共生具有以下优势。

一、利用专业化资源

民营企业集群式对外直接投资的最直接也是最常见的形式是境外经贸合作园区，通过境外经贸合作园区的形式，来集合境外投资企业的优势，形成集群式对外直接投资的规模效应。目前我国已经拥有泰国泰中罗勇工业园、柬埔寨西哈努克港经济特区、越南龙江工业园、巴基斯坦海尔—鲁巴经济区等诸多境外经贸合作园区，催生了我国企业海外集群式投资的典型模式，而这些园区最大的优势在于专业化的资源，包括商业资源、信息资源等。这些经贸园区以母国企业为基础，具有共同的文化基础，形成了规模优势。同时，经贸园区的建立都会提供类似国内的生产生活环境，有效降低了交易成本、制度成本，使得企业能够更为有效地利用专业化资源。

表 8.2　中国重点境外经贸园区一览表

经贸园区名称	成立时间	投资公司	投资公司归属地
中国印度尼西亚聚龙农业产业合作区	2011	天津市邦柱贸易有限责任公司	天　津
中匈宝思德经贸合作区	2014	万华实业集团有限公司	山　东

续表

经贸园区名称	成立时间	投资公司	投资公司归属地
乌兹别克斯坦鹏盛工业园	2003	温州市金盛贸易有限公司	浙　江
中国印尼经贸合作区	2008	广西农垦集团有限责任公司	广　西
万象赛色塔综合开发区	2011	云南省海外投资有限公司	云　南
中国印尼综合产业园区青山园区	2013	印尼经贸合作区青山园区开发有限公司	上　海
吉尔吉斯斯坦亚洲之星农业产业合作区	2016	亚洲之星股份有限公司	河　南
俄罗斯乌苏里斯克经贸合作区	2006	康吉国际投资有限公司	黑龙江
俄罗斯龙跃林业经贸合作区	2013	牡丹江市龙跃经贸有限公司	黑龙江
中俄现代农业产业合作区	2004	东宁华信经济贸易有限责任公司	黑龙江
匈牙利中欧商贸物流合作园区	2012	山东帝豪国际投资有限公司	山　东
中俄—托木斯克木材工贸合作区	2011	中航林业有限公司	北　京
埃塞俄比亚东方工业园	2007	江苏永元投资有限公司	江　苏
尼日利亚莱基自由贸易区	2006	中国铁建股份有限公司	北　京
埃及苏伊士经贸合作区	2013	巨石集团	浙　江
赞比亚中国经济贸易合作区	2007	中国有色集团	北　京
巴基斯坦海尔—鲁巴经济区	2006	海尔集团	山　东
越南龙江工业园	2007	浙江前江投资管理有限责任公司	浙　江

续表

经贸园区名称	成立时间	投资公司	投资公司归属地
柬埔寨西哈努克港经济特区	2008	红豆集团	江　苏
泰国泰中罗勇工业园	2006	华立集团	浙　江

资料来源：中国境外经贸合作区网站（http：//www. cocz. org/index. aspx）。

二、降低信息不对称

信息不对称是企业对外直接投资中所遇到的重要问题，不能完全获取投资目的国的经济政策、商业信息等，将会对企业海外投资提出很多挑战，并且降低企业对外直接投资的存活率。企业通过集群式对外投资，并且建立境外经贸合作园区，能够大大提升企业的存活率。本质上而言，境外经贸合作园区属于企业对外直接投资的制度安排，能够让企业在园区中享有与国内发展环境较为一致的制度，有利于企业海外发展。

我国企业集群共生建立境外经贸合作园区，因为具备相通的语言、相近的风俗，能够更好地共享信息，包括生产信息、生活信息等，以此降低园区内部的信息不对称，获得隐性成本优势。与此同时，境外经贸合作区往往会设立办事机构或管理机构，通过这些机构与东道国政府沟通将更为有效，降低了园区外部的信息不对称，提高了企业获取信息资源的能力。与此同时，我国境外经贸合作园区的建立往往得到政府的大力支持并且成立相应的协会，来保障境外经贸合作园区的持续发展。

三、共享技术创新外溢

境外经贸合作园区的建立往往是产业集聚的，或者是产业链上的上下游企业，或者是产业内部的企业。这些企业集聚将会产生明显的技术外溢效应，因为技术具有很强的外部性。上下游企业之间能够产生技术外溢，上游企业或者下游企业的技术进步将会直接推动整个产业链的技术升级，从而提高产业的竞争力。横向层面而言，同类企业之间的技术也将很容易被识别并进行改进，技术流通十分明显，形成区域性的创新环境。

企业通过产业集群来带动转型升级的重要优势在于能够获得企业技术外溢效应，从而为内部企业带来合作创新的优势。就境外经贸合作区而言，技术创新的外溢效应依旧存在，而且会更强。在境外经贸合作区当中，内部企业依旧能够共享技术创新的外溢效应，来带动境外经贸合作区的整体技术水平上升。不仅如此，由于合作区内的企业都在国外，联系将更为紧密，这种技术创新外溢效应将更为深入、更为快捷。

四、打造区位品牌价值

企业产业集群基本上以地域为载体、以产业为纽带，所以形成了产业集群的品牌，譬如台州汽摩配、绍兴纺织、宁波服装等，由此延伸出块状经济。同时，产业集群品牌的形成也将为企业带来良好效益，有利于企业持续发展。

境外经贸合作区也是以产业为纽带将企业进行关联，而通过这种关联能够很好地打造境外经贸合作园区的品牌价值，提升境外经贸合作园区的知名度，不仅为内部企业办理各项业务提供便利，也吸引着外部企业的进驻。譬如泰中罗勇工业园区的成功，吸引投资泰国的企业进驻，壮大了罗勇工业园区的力量。重庆力帆集团正是通过泰中罗勇工业园才实现在泰国投资的扭亏为盈。境外经贸园区通过打造区位品牌价值，从而提高企业海外投资的存活率。

第三节　企业集群式 OFDI 的发展方向

一、全面接轨“一带一路”建设

党的十九大报告中明确指出，以“一带一路”建设为重点，坚持引进来和走出去并重，创新对外投资方式，促进国际产能合作。境外经贸合作园区创新了集群式对外直接投资模式，为企业海外生存与发展搭建了有利平台。与此同时，“一带一路”建设为企业对外投资提供了新环境、新空间、新领域和新条件，制度完善优化了环境、互联互通拓宽了空间、基础设施延伸了领域、政策对接给予了条件，这给企业对外直接投资带来了新机遇。所以，我国企业在对外直接投资中应当全面接轨“一带一路”建设，践行“一带一路”倡议所要求的政策沟通、设施联通、贸易畅通、资金融通和民心相通，而企业也应该积极在“一带一路”沿线国家和地区布局境外经贸合作园区等平台。

与此同时，提升资源整合能力和自主创新能力等是企业对外直接投资所需要具备的必要能力，境外经贸园区建设能够有效培育企业这些能力，从而提高企业海外投资的生存率。积极推进企业本土化的水平，在条件允许的情况下，更多地雇佣东道国管理人员、技术人员等工作人员，使企业能够更快地融入东道国，实现“一带一路”所提倡的民心相通。与此同时，民营企业海外投资应当做好充足的调研，评估东道国的投资风险，尽可能规避不确定因素，将企业投资风险有效降低。

二、打造具有影响力的境外合作区

集群式对外直接投资能够有效提高海外企业存活率、拓宽企业生存空间，同时为企业生产和生活带来便利。而且随着集群式对外直接投资的影响力日益扩大，将强化企业对外直接投资的正向有利机制。所以企业在海外投资过程中，应当利用好产业集群的规模效应，通过抱团出海来搭建境外合作园区。以龙头企业为核心，推进境外经贸合作区的建设步伐。同时，积极开展与东道国企业的合作，来共同打造境外经贸合作区，提高境外经贸合作区的知名度。

在此基础上，有效提升园区内部企业海外经营能力。一方面，通过雇佣东道国工作人员，来尽快融入东道国的生产和生活；另一方面，通过发掘和培训跨国人才，来提升企业的核心竞争力。尤其是培养技术研发、资源开发、企业管理、中介服务等领域的人才，为企业快速发展提供人才保障。且境外经贸合作区具有良好的技术外溢效应，通过人才培养能够将经验技术进行外溢传播，提高境外经贸合作区的整体竞争力。对于境外经贸合作区建设，最为重要的是处理好市场与政府的关系，一方面，境外经贸合作园区应当以企业建设为主体，发挥企业的集聚效应来进行拓展；另一方面，政府应当给予政策和资金上的配套与支持，并在国际沟通中建立良好的机制。

三、完善企业对外投资的保障体系

企业对外直接投资需要面对东道国各类风险，包括政治风险、经济风险等，所以不仅企业需要做好前期调查研究工作，政府也应当提供充足保障。从企业层面而言，应加大力度做好调查工作，了解对外直接投资风险，尤其是利用好互联网等信息技术。以“互联网+”为桥梁，降低民营企业与东道国的信息不对称程度。通过互联网技术，完善信息服务平台，将我国的对外投资政策及东道国的产业指导规划等信息定期发送给民营企业，以此增强企业对外投资的引导和预警。在此基础上，构建国际化的投资合作联系网络，着力拓展与东道国商界的联系和合作，提高民营企业海外投资的便利化程度，为民营企业海外投资做好服务工作。

从政府层面而言，需要搭建好信息共享平台，尤其是发挥好商会、贸促会、侨团等组织的功能，搭建民营企业海外投资的保障服务体系。发挥好海外商人的桥梁和纽带功能，为我国企业对外直接投资提供第一手信息资料，并在企业对外投资的初期提供必要援助与帮助。加强与海外投资促进会的联系与合作，通过东道国海外投资促进会这一桥梁来降低民营企业投资该国的障碍，提高企业海外投资的效率。

第四节　集群式 OFDI 案例：泰中罗勇工业园

当前我国已经建立了国家级境外经贸合作园区十余处，包括俄罗斯乌苏里斯克经贸合作区、宁波吉利工业经济贸易合作区、越南龙江工业园、泰中罗勇工业园、越美/尼日利亚纺织工业园、乌兹别克斯坦鹏盛工业园和博茨瓦纳经贸合作区等。这其中最为典型的案例是泰中罗勇工业园，本节将选取泰中罗勇工业园进行案例分析，同时对重庆力帆集团加入泰中罗勇工业园的情况进行介绍。

一、泰中罗勇工业园案例

泰中罗勇工业园由浙江华立集团与泰国安美德集团共同开发，总体规划面积共计 12 平方公里，是我国首批“境外经济贸易合作区”，以制造业产业集群为基础，最终打造成为集制造、会展、物流和生活为一体的现代化综合园区。泰国对于泰中罗勇工业园中的企业实行超国民待遇，为园区中企业发展提供了巨大便利，包括政策优惠、服务便利、区位优势等。截至目前，泰中罗勇工业园中的企业已经有 70 家，其中金属行业企业最多有 20 家，占工业园中企业的比重接近三分之一。

表 8.3　泰中罗勇工业园进驻企业一览表

序号	入园企业名称	产业	序号	入园企业名称	产业
1	Dejinchang Optoelectronics Technology (Thailand) Co., Ltd.	金属	36	Hudson Manufacture (Thailand) Co., Ltd.	塑胶制品
2	CIMC Vehicle (Thailand) Co., Ltd	重型车辆	37	Yanfeng Johnson Controls (Thailand) Co., Ltd.	汽配
3	Amada Cable & Wire Harness (Thailand) Co., Ltd.	电子	38	Yongling (2013) Co., Ltd.	日用化工
4	Luoyang Longmen Ferro-Alloy Factory (Thailand) Co., Ltd.	化工	39	Boaifeng Biotechnology (Thailand) Co., Ltd	生物科技
5	Dunan Metals (Thailand) Co., Ltd	金属	40	Siam Pin Hui International Co., Ltd.	办公用品
6	Thai Orchid Honey (Thailand) Co., Ltd	食品	41	Delong (Thailand) Co., Ltd.	金属
7	Everlight Candle (Thailand) Co., Ltd	日用化工	42	Qiandong Rare Earth (Thailand) Co., Ltd.	金属
8	Lifan Manufacture (Thailand) Co., Ltd	汽配	43	Merry Home Co., Ltd.	纺织
9	WSP Pipe Co., Ltd	金属	44	Himile (Thailand) Co., Ltd.	汽配

续表

序号	入园企业名称	产业	序号	入园企业名称	产业
10	Futong Group Communication Technology (Thailand) Co., Ltd	电子	45	Talesun Technologies (Thailand) Thaniland Co., Ltd.	光伏
11	New Thai Wheel Manufacturing Co., Ltd	汽配	46	Choho Industrial (Thailand) Co., Ltd.	汽配
12	Siam BBC Manufacturing Co., Ltd	金属	47	Soar Alloy Material (Thailand) Co., Ltd.	金属
13	Zong Shen Machinery Manufacturing (Thailand) Co., Ltd.	汽配	48	Trina Solar Science &Technology (Thailand) Ltd.	光伏
14	Thai Lucky Intergroup Co., Ltd.	金属	49	Sakura Printing Technology Co., Ltd.	印刷制品
15	Kingthai Diamond Tools Co., Ltd	金属	50	FIN International (Thailand) Co., Ltd.	化工
16	Yida (Thailand) Co., Ltd	化纤	51	Fancy Industry Thai Co., Ltd.	办公用品
17	Diamond Tools Tenology (Thailand) Co. Ltd	金属	52	Gambol (Thailand) Co., Ltd.	宠物饲料
18	Thai Xinda International Co., Ltd.	食品	53	SanHua Refrigeration Components (Thailand) Co., Ltd	金属
19	Asia Composite Material (Thailand) Co., Ltd	复合材料	54	Sunlong Bus Union (Thailand) Co., Ltd.	整车
20	Bosun Tools (Thailand) Co., Ltd	金属	55	Gaoqi Electronics (Thailand) Co. Ltd.	办公用品
21	Boly Pipe Co., Ltd.	金属	56	Wide Way Mould (Thailand) Co., Ltd.	机械制造
22	Yuli Plastic (Thailand) Co., Ltd.	鲁迅	57	Thai Nong Mao Food (Thailand) Co., Ltd	食品
23	HXF (Thailand) Co., Ltd.	金属	58	Wholer Household Prodcut (Thailand) Co., Ltd.	家居用品
24	Thai Oil Pipe Co., Ltd.	金属	59	Xiao Xiang Chemical Industry (Thailand) Co., Ltd.	化工
25	Vossen Manufacture (Thailand) Co., Ltd.	汽配	60	Bemetal Technology Co., Ltd	机械制造
26	Zhongce Rubber (Thailand) Co., Ltd.	橡胶	61	HCPI (THAILAND) CO., LTD.	塑料制品

续表

序号	入园企业名称	产业	序号	入园企业名称	产业
27	OST Tube（Thailand）Co., Ltd.	金属	62	Zhongrui Technology Co., Ltd	机械制造
28	Asia Wheel（Thailand）Co., Ltd	汽配	63	NLX INDUSTRY（THAILAND）CO., LTD	化工
29	Taje Stainless Steel Products（Thailand）Co., Ltd.	厨卫	64	TSP PRECISION STEEL TUBE MANUFACTURING（THAILAND）CO., LTD.	金属
30	Luencheong Dispensing Pump（Thailand）Co. Ltd	日用化工	65	MT CUT&SEW CO., LTD.	汽配
31	Flexplas Co., Ltd.	塑胶制品	66	Jinrong Electronic Technology（Thailand）Co., Ltd.	汽配
32	Lison Solar Co., ltd.	光伏	67	Topping Hudson Precision Industrial Co., Ltd.	办公用品
33	New Trend Food Ingredient（Thailand）Co., Ltd.	食品添加剂	68	Su Group（Thailand）Co., Ltd.	机械制造
34	Gang Yan Diamond Tools（Thailand）Co., Ltd.	金属	69	Pamira Nutritional Products（Thailand）Co., Ltd.	食品
35	G Q D Special Material（Thailand）Co. Ltd.	金属	70	Aofeng Spring（Thailand）Co., Ltd.	金属

资料来源：泰中罗勇工业园网站（http://www.sinothaizone.com/）。

泰中罗勇工业园区靠近首都曼谷，周边水、陆、空立体交通网络发达，地理位置优越，拥有完善的交通网络和基础设施，为园区内部企业生产资料配置、产品物流、员工生活带来了巨大便利。同时，泰中罗勇工业园区中的企业能够享受泰国第三区政策及超国民待遇，具有最优渥的投资政策待遇，大大提高了企业海外投资的生存率、盈利率，吸引了我国许多企业对其投资。最后，泰中罗勇工业园通过管委会与泰国政府对接，为园区企业的客户提供BOI证书、法律政策资讯等服务，并且提供全中文服务，大大降低了园区内中国企业的沟通成本。优越的地理位置、优惠的政策措施及优秀的服务保障，凸显了民营企业海外投资集群共生的优势。尤其在“一带一路”建设的大背景下，泰中罗勇工业园的良性发展为企业对外投资提供了契机，有效对接了“一带一路”建设，具有非常重要的实践意义。

二、重庆力帆集团案例

重庆力帆集团是我国最早的民营汽车制造商之一，成立于 1992 年，是我国企业 500 强，实力雄厚。早在 2004 年，重庆力帆集团就开始探索对外直接投资，以此来规避民营企业在国际贸易中因为技术壁垒、绿色壁垒等原因所导致的贸易摩擦。2005 年力帆集团向泰国投资两亿元人民币，与当地合伙人共同建立摩托车工厂。但由于泰国商业环境并没有很完善，当地合伙人以各种理由拒绝履行合同所规定的义务，使得力帆集团在泰国的投资建厂业务阻滞不前，一直处于反复沟通状态。

雪上加霜的是，由于泰国的商业制度及信用环境不完善，并且重庆力帆集团在对外直接投资过程中缺少信息资源以及专业援助，力帆集团虽然与当地合伙人、泰国政府以及法律机构等进行多次沟通，但是问题依然没有得到有效解决。力帆集团不仅未能拿到泰国摩托车生产的准入牌照，还因为对泰国的投资拖累了整个公司的业绩。2009 年年末，力帆集团被迫无奈将合伙人手中的工厂买下，但由于依旧没有泰国摩托车生产的准入牌照，导致力帆集团投资泰国的业务未能有效运营，亏损累累。

2010 年伊始，重庆力帆集团转变对外直接投资思路，从“单打独斗”转向“集群出海”，将生产基地搬迁进入泰中罗勇工业园，并追加了两亿元投资来扩大产能。泰中罗勇工业园充分利用平台优势，通过中方政府代表与泰国政府进行协商沟通，在半年之后就帮重庆力帆集团拿下了其谈判五年的摩托车市场准入牌照，充分体现了集群式对外直接投资，通过行业组织与国外政府进行协商的有效性。与此同时，由于泰中罗勇工业园内都是中国企业，具有相同的文化背景、使用相同的语言，有效消除了对外直接投资中的文化障碍、语言障碍，减少了矛盾的发生，提高了企业对外投资的生存率。

重庆力帆集团的案例说明了企业集群式对外直接投资有其特有的优势，能够降低企业投资风险，并且在企业遇到困境时能够给予帮助。在对外直接投资中，力帆集团这类大企业都会遇到风险，更何况是抗风险能力更加弱的中小企业，以集群式对外直接投资来开展业务，对于中小企业海外生存具有重要意义。

三、案例启示

泰中罗勇工业园的成功案例印证了民营企业海外投资集群共生有其优越性，而重庆力帆集团在进入泰中罗勇工业园前后境遇的对比，充分说明了境外经贸合作园区等集群式对外直接投资对于我国企业海外生存具有重要作用，也为新时代我国企业对外直接投资提供了经验借鉴。

第一，发挥产业集群优势，建设境外经贸合作区。以产业集群为基础建立的境外经贸合作区具有信息优势、成本优势、品牌优势等诸多有利条件，所以在企业对外直接投资过程中，企业应当积极建设境外经贸合作区，而政府应当给予政策支持、资金支持等。尤其是投资东南亚等发展中国家，由于制度不完善、交易不健全等风险较高，更要建设境外经贸合作区来降低企业投资风险、提高企业海外生存率，以此来促进我国企业对外投资的绩效。

第二，加强境外经贸合作园区的品牌打造。泰中罗勇工业园能够在短短时间内迅速发展，并且吸引近百家企业进驻，归根结底在于发挥有利条件，打造好境外经贸合作园区的品牌，以此提升园区内企业与东道国政府的谈判能力，吸引更多企业进驻。所以在建设境外经贸合作园区过程中，应当因地制宜、适时调整，着力打造境外经贸合作园区的品牌。尤其是龙头企业应当发挥核心作用，提高境外经贸合作园区的运行效率，提升境外经贸合作园区的知名度。

第三，鼓励民营企业牵头来建设境外经贸合作区。由于民营企业海外投资抗风险能力弱，更需要集群共生来提高抗风险能力，所以民营企业在海外投资过程中会自发地抱团取暖，共享信息、共御风险，具有建设境外合作经贸区的先发优势。应当鼓励民营企业牵头来建设境外合作经贸区，泰中罗勇工业园便是由民营企业华立集团牵头成立的。

第四，提高境外经贸合作园区的运营能力，为“一带一路”建设服务。民营企业已经成为我国对外直接投资的主力军，而境外经贸合作园区通过产业集群的优势为民营企业对外直接投资的快速发展提供了有利平台。在“一带一路”建设大背景下，民营企业对外直接投资也将得到快速发展，提高境外经贸合作园区的运营能力具有重要意义。尤其是在“一带一路”沿线的国家建设境外经贸合作平台，对于企业投资这些国家以及开展基础设施领域的合作将会具有显著的促进作用。

第九章　新科技革命背景下中国民营企业 OFDI 研究

第一节　中国民营企业 OFDI 的历史与现实

一、民营企业 OFDI 历史阶段

改革开放四十年，我国经济经历了高速发展，市场经济体制不断完善，也促使了民营经济的快速崛起。但早期我国社会主义市场经济体制处于探索阶段，民营企业发展在国内受到了较大的限制，发展空间有限，所以一部分民营企业开始选择“走出去”。当然，民营企业对外直接投资也推动了我国对外开放的程度，而且逐渐成为我国对外直接投资的主力。总体而言，改革开放以来民营企业对外直接投资可以划分为以下三个阶段。

第一阶段以改革开放为标志性事件，在此背景下，私营经济有所萌芽，但还未形成较大规模。而且这种私营经济的萌芽，主要分布于农村地区，尤其是家庭联产责任承包制，为个体工商业发展奠定了较好的基础。改革开放初期，我国个体工商户仅有 1543 万户，处于较低的水平。在这一段阶段中，我国对外直接投资主要以国有企业为主，而且由于是对外开放刚起步的阶段，投资规模也比较小，投资区

域也较为单一。民营企业发展受到较大的限制，导致民营企业对外直接投资几乎不存在。同时，对外开放也处于探索阶段，就全国层面而言，对外直接投资都处于较弱的状态，投资质量也明显较低。

第二个阶段是以 1992 年邓小平南方谈话为标志，邓小平南方谈话之后，我国对于市场经济体制的思想更为解放，改革开放的步伐不断加大，促使民营企业得到了快速发展。同时，对外开放的深入也为我国对外直接投资提供了良好的环境。尤其是党的十四大召开之后，提出要建设市场经济体制，极大解放了民营企业发展的限制，以乡镇企业等为代表的民营企业如雨后春笋，异军突起，民营企业规模和实力日益壮大，民营经济不断发展。在此过程中，民营企业对外直接投资也呈现快速增长。虽然党的十四大之后对民营企业不断松绑，但是国内市场上还是以国有企业为主体，民营企业的生存空间依旧有限。所以在此阶段中，民营企业开始将目光转向海外市场，积极实施对外直接投资，延伸市场半径，拓展自己的业务范畴。一定程度上，这个阶段民营企业对外直接投资更多的是被动型的。

第三阶段是以党的十六大召开为标志，明确提出“必须毫不动摇地鼓励、支持和引导非公有制经济的发展”，极大激发了民营企业发展的活力，我国民营经济发展翻开了高速发展的新篇章。截至 2017 年 11 月，我国民营企业已经接近 2500 万家，注册资本超过 150 万亿元，对国家税收的贡献超过 50%，占国民生产总值的比重超过 60%，技术创新和新产品占比超过了 70%，解决城镇就业占比超过 80%，对新增就业的贡献超过 90%。这些数据都表明民营经济已经成为推动我国经济社会发展的重要力量。不仅如此，2002 年我国全面实施“走出去”战略以来，民营企业对外直接投资也稳步增长，而且民营企业对外直接投资更加受到国家的鼓励和扶持，当前我国民营企业对外直接投资占全部对外直接投资的比重已经高达60%以上。不仅如此，民营企业对外直接投资的动机也不断转变。在民营企业对外直接投资初期，目的更加偏重于市场寻求，以此来拓展民营企业的业务范围。但现阶段，民营企业对外直接投资更多的是技术寻求、战略资产寻求，从而能够反哺国内企业的转型升级。因为我国经济发展进入新常态，传统依靠投资驱动、要素驱动的发展模式难以为继，需要企业转变生产方式，更多地依靠创新驱动，所以促使企业对外直接投资寻求先进技术，来应对新常态下我国经济增速放缓对企业所提出的新要求。

二、民营企业 OFDI 发展现状

民营经济的快速发展，也促进了民营企业对外直接投资的快速增长。限于数据，本书选取《中国对外直接投资统计公报》中的国有企业对外直接投资和非国有企业对外直接投资的相关数据来分析民营企业对外直接投资的增长情况。2016 年，从流量层面来看，在对外非金融类直接投资中，非公有经济对外投资 1232.4 亿美元，占 68%；公有经济对外投资 579.9 亿美元，占 32%，非公有经济占据绝对优势，充分说明了我国对外直接投资以民营企业为主体。但从存量层面而言，2016 年年末我国对外非金融类直接投资 11800.5 亿美元，国有企业占 54.3%，非国有企业占 45.7%，其中私营企业占 8.7%（见表 9.1）。这主要是因为早期对外直接投资以国有企业为主，从而使得对外直接投资存量中国有企业占主体。但随着我国改革开放进一步加速，民营企业等非国有企业对外直接投资持续上升，在对外直接投资存量中所占的比重也会持续提升。2006 年我国对外直接投资存量中，国有企业所占比重高达 81%，而十年之后，2016 年国有企业占比仅为 54.3%，下降了将近 30 个百分点，充分说明了民营企业对外直接投资增长迅猛。

表 9.1　中国对外直接投资存量中国有企业和非国有企业占比

年份	国有企业占比（%）	非国有企业占比（%）
2006	81	19
2007	71	29
2008	69.6	30.4
2009	69.2	30.8
2010	66.2	33.8
2011	62.7	37.3
2012	59.8	40.2
2013	55.2	44.8
2014	53.6	46.4
2015	50.4	49.6
2016	54.3	45.7

纵观民营企业对外直接投资，当前民营企业对外直接投资呈现以下特征：一是民营企业对外直接投资已经成为我国对外直接投资的主体力量。从 2016 年我国对外直接投资的企业构成来看，民营企业对外直接投资占比高达 68%，充分说明了民营企业已经成为我国对外直接投资的主要力量。不仅如此，我国已经成为资本的净输出国，而在此过程中，民营企业的资本输出占据了极大部分。

二是对外直接投资存量还是以国有企业为主体，但民营企业对外直接投资的存量在不断上升。改革开放以来，早期对外直接投资都是以国有企业为主体的，而且投资项目往往是工程承包，需要强大的资本基础。所以在我国对外直接投资存量中，国有企业对外直接投资的存量一直占据 50%以上，而且在 2006 年的比重高达 80%以上。但随着民营企业对外直接投资的快速上涨，民营企业对外直接投资的存量占比也呈现上升趋势。

三是对外直接投资的行业分布主要在租赁和商务服务业、制造业以及批发和零售业。由于我国的要素禀赋在于廉价的劳动力资源等，导致我国产业优势在于制造业以及商贸服务业，尤其是民营企业，主要还是分布于制造业等传统产业。所以对外直接投资中，我国更多的是依靠比较优势来进行投资。2016 年，我国对外直接投中，租赁和商务服务业的对外直接投资额为 657.8 亿美元，占 33.5%；制造业对外直接投资额为 290.5 亿美元，占 14.8%；批发和零售业对外直接投资额为 208.9 亿美元，占 10.7%。由此可知，民营企业对外直接投资的产业分布侧重于传统产业，新兴产业或者高技术产业的对外直接投资还需要进一步提升。

四是对外直接投资主要集中在美国、中国香港、荷兰、日本等国家和地区，随着“一带一路”建设不断推进，对“一带一路”沿线国家的投资也逐步增多。2016 年我国对美国、中国香港、荷兰、日本的对外直接投资流量分别高达 2990 亿美元、1961.5 亿美元、1736.6 亿美元、1452.4 亿美元，远远高于其余国家和地区。第五位的加拿大，我国对其投资仅为 664 亿美元，仅相当于第四位的日本的一半都不到。“一带一路”建设也取得了积极成效，仅跨国并购而言，我国企业对“一带一路”沿线国家的跨国并购 115 起，并购金额 66.4 亿美元，占我国 2016 年跨国并购总额的 4.9%，呈现较好的发展态势。

第二节　新科技革命对民营企业 OFDI 的影响

一、提升民营企业技术水平

2013 年开始我国经济发展进入新常态，经济增速放缓，产业结构亟须调整，这对民营企业提出了新的挑战。改革开放之后，民营企业虽然快速发展，但集中于传统制造业，而且生产方式属于粗放型。经济发展进入新常态之后，我国经济面临国内外的诸多挑战，成本上升、有效需求不足等问题迫使民营企业要降低生产成本、提高产品质量，所以民营企业必须加大力度调整以前的生产方式，转向更为集约化、绿色化的生产。这种调整的关键在于技术进步，不论是转变现有的生产流程还是开发新产品，都需要技术进步的支撑。

由此，企业必须从要素驱动转向创新驱动，而创新驱动的关键在于企业要加大投入来提升研发创新能力，新科技革命将为企业研发创新提供战略机遇。新科技革命将产生新的技术，不管是发达国家还是发展中国家，都将产生很强的技术变革。技术具有很强的外溢效应，企业要很好地把握科技进步的演化路径，从而提升企业自己的科技水平，以此来转变生产方式。譬如新科技革命很可能发生在信息技术等领域，阿里巴巴等集团深刻把握这一变革契机，大力推进人工智能等，共同参与之江实验室等建设，正是为了把握好新科技革命的契机，能够更好地提升企业的技术水平。同时，不少企业开始推进机器换人，正是把握住了科技进步来提升企业的生产率，企业生产率的提升也为对外直接投资打下了基础。

二、推动民营企业对外寻求新技术

随着全球化水平不断提升，世界各国之间的联系日益紧密，新科技革命将对世界各国产生重要影响。同时，新科技革命发生对于现行的技术将产生颠覆性的影响，极有可能重构现在的世界科技格局，从而重构全球价值链的分工。对于这一轮新科技革命，企业应当积极把握，提升自己的技术创新水平。一方面，企业应当加大投入力度，建立科研平台来提升企业自身研发创新的能力；另一方面，企业应当加速对外直接投资的步伐，从外源来寻求先进技术，反哺企业的技术短板，提升企业技术实力。

由此可知，新科技革命能够促进企业对外直接投资寻求新的技术。在此过程中，企业往往通过跨国并购来实现技术寻求型的对外直接投资。对于民营企业而言，市场开拓虽然重要，但转型升级的迫切需求更加要求民营企业能够进行技术寻求型的对外直接投资，而最好的模式在于跨国并购。所以，随着新科技革命的不断兴起，民营企业将更加侧重于技术寻求型对外直接投资。譬如吉利集团收购沃尔沃集团，最本质的目的在于能够利用沃尔沃的先进技术，提高吉利集团的技术研发水平。而且这种收购对于我国提高技术水平亦具有重要影响，一方面，吉利集团技术水平提高具有示范效应，为其他汽车生产商提供技术样板；另一方面，吉利集团技术水平提高也会对其他企业产生竞争效应，迫使其他的汽车生产商也提高技术水平。由此可见，新科技革命的发生不仅会提升企业自身的生产率，提升企业对外直接投资质量，同时也会促使企业对外直接投资来获取新技术。

三、便利民营企业对外直接投资

新科技革命对于民营企业对外直接投资的影响，不仅仅是在内源发展上，对于对外直接投资的外部条件也会持续性改善。一方面，新科技革命在信息技术等领域的突破，将有效提升全球商业运行效率。通过信息技术，能够使得对外投资等信息共享程度更高，有效降低信息搜寻匹配的成本，由此便利民营企业对外直接投资。新科技革命缩短了各国之间的距离，能够很好地促进企业对外直接投资。尤其是民营企业抗风险能力较弱，通过前期调研能够有效规避风险，提高企业对外直接投资的存活率。

另一方面，信息技术也会提高企业投资的效率。国内通过信息技术来打破政府部门之间、政府与企业之间的信息交换壁垒，有效共享信息，推进简政放权及行政审批制度改革，从而便利企业投资，提高企业投资的效率。不仅如此，新科技革命也会有效促进基础设施功能提升，包括交通、运输、物流等，从而推动企业商业活动，促进企业对外直接投资，使得民营企业能够突破现有的壁垒在全球范围内布置生产网络，促进我国产业迈向全球价值链的中高端。

第三节 民营企业 OFDI 案例：吉利收购沃尔沃

一、吉利收购沃尔沃案例介绍

浙江吉利集团是我国民营企业的龙头之一，自从 1998 年生产第一辆汽车以来，凭借完善的管理体系和精益求精的创新能力，吉利集团取得了长足的发展，2009 年吉利集团的总产值已经达到 141 亿元人民币。2010 年 3 月，吉利集团与沃尔沃公司签署了最终的股权并购协议，确认并购沃尔沃公司。沃尔沃公司是福特旗下的高端汽车品牌，具有良好的世界声誉，秉持安全、环保等理念，在清洁能源、安全技术等方面居于世界领先水平。吉利之前的定位一直是经济型轿车品牌，要想面对国内外竞争的双重压力，就必须使自身的研发创新能力、汽车生产品质位于同类型产品前列。而沃尔沃具有良好的品牌价值、技术水平，吉利并购沃尔沃能够很好地弥补自身在技术和品牌等方面的不足。

2010年签署协议之后，2012年3月吉利与沃尔沃又达成了技术转让协议，双方正式开启了深度合作。一方面，吉利在上海设立研发机构，旨在提升技术水平；另一方面，吉利又在黑龙江和四川设立新公司，将沃尔沃品牌国际化，从而获得汽车产业的高端技术，推动自己的价值链向两端位移。2017年12月吉利集团与欧洲基金公司Cevian Capital达成一致，将收购其持有的沃尔沃集团8847万股的A股股票和7877万股的B股股票，完成交割后，吉利控股将拥有沃尔沃集团8.2%的股权，成为其第一大股东，并拥有15.6%的投票权。

一方面，吉利集团看中沃尔沃最为重要的是其生产技术，尤其是在清洁技术和安全技术领域的领先地位。从国家战略而言，清洁能源等是国家大力扶持和鼓励的，吉利并购沃尔沃能够很好地获得这一有利技术条件，从而使得吉利不仅能在国外打开市场，也能在国内清洁能源领域保持领先地位。另一方面，吉利亦看中沃尔沃集团先进的管理体系。沃尔沃是福特旗下重要的品牌，有其特有的优势，不仅有技术优势，也包括管理优势。能鼓励企业自主创新，始终保持国际竞争的领先水平，说明沃尔沃集团具有优秀的人才和团队，以及先进的管理经验。所以，吉利收购沃尔沃不仅得到了技术，也得到了管理经验和优秀团队，有利于吉利集团的长足发展。

二、案例启示

吉利收购沃尔沃是我国民营企业跨国并购中的经典案例，尤其是在新科技革命下，通过跨国并购来引进高端技术，从而提升国内产业结构对于企业转型升级具有重要的作用。从吉利收购沃尔沃这一案例中可以发现，不论是技术整合、人才培养、市场开拓等方面都呈现了较好的效果。

从技术整合角度而言，吉利并购沃尔沃十分注重双方之间的技术互补，从而达到两者的深度合作。吉利的技术更加侧重于满足终端市场，沃尔沃拥有先进的技术，包括清洁能源技术、安全技术等，能够更好地进军高端市场，而吉利要开拓海外市场，形成自己的核心竞争力，通过跨国并购的途径具有十分重要的意义。从前期两种技术的和谐共存，到最终实现吉利对技术的整合、消化和吸收，从而提升企业的技术水平。在新科技革命下，通过跨国并购来促进民营企业技术水平提升，可以有效降低企业研发创新的风险，提升企业对外直接投资的效率。

从人才培养的角度而言，吉利对于沃尔沃的收购很大程度上出于对沃尔沃管理团队和技术团队的考量。沃尔沃是福特旗下高端的汽车品牌，拥有自己的核心技术，始终保持较强的国际竞争力，对于这种品牌，势必有其优秀的管理团队和技术团队。吉利通过跨国并购能够将这些人才吸引到自己的企业，尤其是汲取这些团队优秀的管理经验、研发经验，反哺于吉利集团的管理与研发，从而有效提升吉利集团的管理水平和技术水平，推进吉利集团的技术进步。

从市场开拓的角度而言，吉利集团原先更多的是占据中端市场，对于高端市场的开拓需要投入大量成本。收购沃尔沃之后，吉利集团能够获取沃尔沃集团优秀的经销商和供应商资源。更为重要的是，沃尔沃集团一直占据的是高端市场，吉利通过收购沃尔沃能够打入高端市场，有效降低进入成本，同时利用沃尔沃的供应商来降低生产成本，提升吉利集团的利润。

从研发创新角度而言，吉利集团也面临着生产模式的转型，尤其是面临技术研发的挑战。因为高技术研发往往需要高投入，并且存在高风险，在新科技革命下，如果不把握科技进步趋势，将会被淘汰。吉利集团在并购沃尔沃之后，能够很好地利用沃尔沃的研发技术、研发团队，并通过技术外溢和技术反哺的路径，来促进吉利集团已有的研发水平，真正转变吉利集团的生产模式，提升吉利集团的生产效率。

从全球价值链的角度而言，吉利集团处于价值链的中下端，瞄准的是终端市场，鲜有机会参与价值链上游的竞争。但在并购沃尔沃之后，由于沃尔沃一直以高端市场为主，更加侧重于技术研发、国际营销等价值链高端位置，所以使得吉利汽车也有机会参与上游竞争，从而提升自己在全球价值链中的位置。而且吉利集团作为民营企业的典型代表，也会带动国内汽车产业转型升级，迈向全球价值链的中高端。

第十章　新科技革命背景下“一带一路”建设与企业OFDI研究

第一节　“一带一路”建设的重点剖析

随着新兴经济体的迅速崛起，既有的世界政治与经济格局不断被重构，世界政治与经济的不确定性和不稳定性也日益加深，特朗普上台、英国“脱欧”等事件使得逆全球化浪潮不断高涨，区域局部战争时有发生。与此同时，2013 年开始我国经济进入“三期叠加”的新常态时期：增长速度从高速增长阶段回落到中高速经济增长水平，增速进入“换挡期”；产业结构不断优化，结构调整面临“阵痛期”；前期出台的刺激政策发挥应有作用，经济政策进入“消化期”。在此背景下，习近平总书记于 2013 年出访哈萨克斯坦时首次提出构建“丝绸之路经济带”，之后又在出访东盟时提出共建“21 世纪海上丝绸之路”，旨在加快我国内联外通、双向开放的推进，加强与沿线国家在经贸方面的合作，实现区域内国家和地区之间的经济一体化。现阶段，“一带一路”倡议已经上升到国家层面的高度，而且“一带一路”建设大力推进，尤其是党的十九大报告中明确指出了我国对外开放需要以“一带一路”为重点，理解“一带一路”倡议的重点对于企业对外直接投资具有重要作用。新科技革命背景下既有的全球政治经济格局将被打破，全球价值链也将被重构，是我国抢滩全球价值链中高端位置的有利契机，“一带一路”倡议为我国对外直接投资提升全球价值链提供了平台和空间。

一、“一带一路”倡议背景

“一带一路”倡议的提出以国际国内日趋复杂的政治经济环境为背景。金融危机之后，世界各国都出台了政策措施来刺激经济的复苏。但不容忽视的是，世界各国经济复苏呈现极大的不平衡趋势。新兴经济体不断崛起，发达国家经济发展略显疲软，但是发达国家依旧希望能够主导世界政治与经济格局，所以制定了一系列规则妄图来制约新兴经济体的发展，尤其是边缘化我国。与此同时，国内经济又进入增速放缓、产业变迁的“新常态”，国内经济增长面临巨大压力，这就使得我国现阶段发展面临着国外和国内的双重压力，经济社会发展的不确定性显著增加。要维护国家政治与经济安全，就必须实施更为主动的对外开放战略，加强与周边新兴经济体的经贸合作，实现以开放倒逼转型升级。在此背景下，“一带一路”倡议的提出具有跨时代的重要意义，不仅是深化我国对外开放的重要举措，也是我国为提升世界各国一体化水平所做出的贡献。

二、“一带一路”倡议基础

“一带一路”倡议实施的基础在于沿线国家和地区之间的经贸合作，达到贸易往来畅通、投资规模扩大以及区域经济一体化的目的，最终目的在于促进“一带一路”沿线国家和地区经济的共同发展。“一带一路”倡议是我国对外开放战略更加积极主动的具体表现，所以“一带一路”倡议实施的基础在于能够与沿线国家建立良好的经贸合作关系，加快资本输出和优势产能输出，实现区域内贸易与投资更为便利化，提供更为广阔的空间来开展经济贸易领域的合作。只有在贸易投资上实现良性互动，才能促进人文政治上的互联互通。具体而言，在贸易上能够实现自由贸易，使贸易往来更为畅通；在投资上，不仅能够加大投资的规模、扩大投资的范围，更能够实现投资领域上的突破，并且降低壁垒能够真正实现投资自由化的进程。这就需要沿线国家和地区加强制度层面的合作，加强各国和各地区之间的信任，减少区域之间沟通不畅所带来的壁垒与摩擦，使得区域经济一体化的程度不断提高。

三、“一带一路”倡议重点

“一带一路”倡议合作不仅体现在经贸合作领域，而且体现在沿线国家和地区基础设施等领域的全方位合作，基础领域的合作更加侧重于企业对外直接投资。“一带一路”倡议实施旨在加快沿线国家和地区区域一体化的进程，但是这并不仅局限于经济贸易领域的合作，而应当是经贸合作与人文交流等全方位的“协同创新”。“一带一路”倡议的实施关键在于资本输出，通过重点项目的推进来加强沿线国家和地区的合作，包括海洋经济领域、基础设施领域、医疗卫生领域等，而这些重点项目应当与新科技革命的领域充分对接，以此提高我国与“一带一路”沿线国家和地区的技术水平，也使得“一带一路”沿线国家和地区能够把握住新科技革命下全球价值链重构的机遇，提升区域在全球产业分工中的地位。在此基础上，还要加强各国和地区之间的人文交流，加强各国和各地区之间的文化认同，真正提升区域一体化的水平。所以，“一带一路”倡议实施的最终目标更多地体现在区域一体化程度上。

四、“一带一路”倡议目标

“一带一路”倡议实施有利于提升我国开放程度，强化参与国际事务的话语权。当前阶段是我国离世界舞台中央最近的时代，“一带一路”倡议作为对外开放的重要举措，是我国对外开放进程中的新成就，对于我国提升国际地位、提高参与国际事务的能力具有重要的作用（刘华芹，李钢，2014）。但是“一带一路”倡议实施并不意味着我国要推行强权政治、霸权主义，恰恰相反，“一带一路”建设目的在于促进互联互通，维持世界和平稳定发展。“一带一路”倡议实施有利于沿线国家和地区的安定和团结，对于世界政治与经济稳定发展势必做出不可替代的重要贡献。由此可知，“一带一路”倡议是强化我国参与世界事务的重要路径，是实现中华民族伟大复兴以及实现中国梦的必经之路。

第二节 “一带一路”建设影响我国对外开放的路径

“一带一路”倡议旨在促进沿线国家和地区之间的一体化进程，融入“一带一路”建设对于沿线各国和地区之间的发展具有重要的意义，可以说“一带一路”倡议为沿线国家经贸合作提供了“黄金时期”。尤其是在新科技革命下，“一带一路”建设的积极效用将会被强有力地放大。具体而言，“一带一路”倡议将从以下四大方面为沿线国家和地区经贸发展提供新的路径（见图 10.1）。

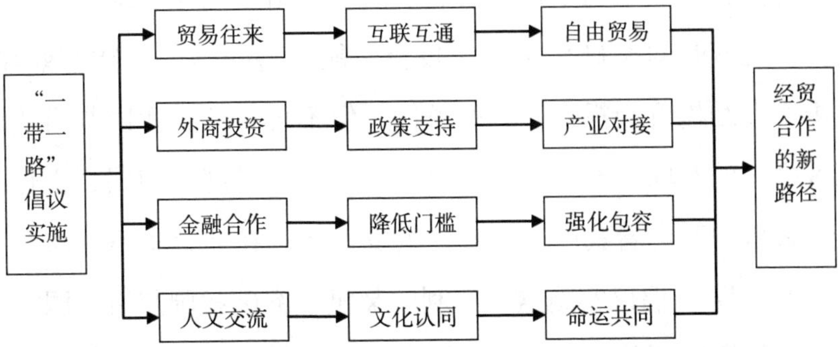

图 10.1　“一带一路”背景下沿线国家和地区经贸合作新机遇

资料来源：作者绘制。

一、贸易往来路径

在贸易往来上，互联互通推动沿线国家和地区的自由贸易。打造互联互通的贸易网络是“一带一路”建设的重要目标之一，现阶段我国与世界各国之间的经贸往来虽然取得了较快的发展，但也存在着由于制度不完善等原因所带来的贸易壁垒，制约着我国对外贸易新一轮快速的发展。所以，沿线国家和地区尽快融入到“一带一路”建设中，有利于沿线国家和地区互联互通机制的构建，从而提高沿线国家和地区贸易便利化的程度，为周边区域自由贸易奠定扎实的基础。尤其是现阶段跨境电子商务的兴起以及交通运输物流网络的日益完善，更是为我国与“一带一路”沿线国家和地区的经贸合作提供了有利保障条件。

二、对外直接投资路径

在对“一带一路”沿线国家和地区的投资上，便利的投资条件将助力我国与沿线国家和地区的产业对接和产能输出。随着我国与“一带一路”沿线国家和地区经贸互动的日益紧密，我国对沿线国家和地区的对外直接投资不断增加，有利于我国与沿线国家和地区之间的产业对接。尤其是对基础设施领域投资，能够将我国的产能有效输出，为国内产业结构升级提供有利的条件。但不可否认，我国与沿线国家和地区之间的互联互通依旧面临着制度瓶颈，制度不相同、文化不相容等因素依旧制约着我国对外直接投资。所以在此背景下，需要把握好“一带一路”倡议实施这一有利的契机，突破我国与沿线国家和地区在直接投资层面的制度瓶颈，将有利于我国与周边区域的互联互通发展。加之我国经济高速发展，势必能够带给沿线国家和地区更大的发展机遇，共同分享我国高速发展的成果。

三、金融合作路径

金融合作方面，要加快我国与“一带一路”沿线国家和地区之间的金融互通。虽然我国开放程度日益加深，我国与其他国家和地区之间的经贸合作持续向好，但是我国与“一带一路”沿线国家和地区之间的金融合作还需要持续发展，尤其是减少金融合作的限制因素、降低金融合作的制度壁垒。“一带一路”倡议对于金融的定位是能够实现金融合作的自由化，以及打造自由流通的货币圈，所以应当积极宣传，鼓励沿线国家和地区积极主动融入“一带一路”建设，以此来降低现有的政策门槛，从而加快我国与沿线国家和地区的金融合作，尤其是我国在沿线国家和地区的金融类投资。随着我国金融不断发展，对外直接投资中有很大部分属于金融类投资，而这类型投资更加容易受到东道国政策等因素的影响。所以，我国与东道国之间应当以“一带一路”建设为契机，加强区域之间的自由联通，降低壁垒，推进我国与沿线国家和地区之间的金融合作。

四、人文交流路径

交流互动提升建设命运共同体的认知。“一带一路”建设的目的在于提升我国与沿线国家和地区的互联互通水平，不仅指的是经贸合作，也指的是文化相通、民心相通，与建设命运共同体的理念高度一致。“一带一路”建设不仅是经济贸易层面的合作，更是人文交流等层面的认同。所以，在“一带一路”倡议实施的背景下，我国与沿线国家和地区不仅是在经贸合作、投资互动上会呈现新迹象，更重要的是我国与沿线国家和地区的人文交流也将会达到新的高度，不单是我国与沿线国家和地区之间的旅游互访，更是我国与沿线国家和地区之间的民心相通。

第三节　“一带一路”背景下企业 OFDI 新条件分析

党的十九大报告中明确提出推动形成全面开放新格局，以“一带一路”建设为重点，加强创新能力开放合作，形成陆海内外联动、东西双向互济的开放格局。2013 年 9 月习近平总书记首次提出“一带一路”倡议，包括建设“新丝绸之路经济带”和“21 世纪海上丝绸之路”构想，旨在推进沿线国家和地区之间的互联互通，促进区域一体化水平。由此，“一带一路”建设为我国企业对外直接投资提供了新的平台。

一、注入新活力

企业对外直接投资的目的在于拓宽市场、寻求技术等，最为根本的目的在于实现企业利润最大化。所以企业在对外直接投资中更多的是从企业微观层面出发，来布局海外投资市场。在新科技革命背景下，企业对外直接投资的寻求动机更加侧重于技术等资源，但不可否认，企业在对外直接投资中往往会受到东道国的限制，从而放缓企业对外直接投资的步伐，尤其是技术寻求型的对外直接投资，涉及东道国的技术研发水平等，将会受到更大的阻碍。“一带一路”建设将会有效促进我国企业对外直接投资，在对外直接投资中为企业提供有利条件，使企业更好地应对对外直接投资中的诸多困难，为企业对外直接投资注入新的活力。

“一带一路”建设目标在于政策沟通、设施联通、贸易畅通、资金融通和民心相通，“五通”标准为我国企业对外直接投资提出了更高的要求，但也注入了新的活力。“五通”标准对我国与沿线国家和地区的合作具有显著的正向作用，所以，“一带一路”建设能够有效促进沿线国家各个领域之间的合作，拓宽了我国与沿线国家的合作空间，能够更好地激发企业对外投资的活力。

二、提供新平台

企业对外直接投资的平台不仅指的是商会等协会组织搭建的“硬”平台，也指的是“一带一路”建设中所达成的政策协议等“软”平台，而这些政策协议将为企业对外直接投资降低风险起到积极的作用。自2002年全面实施“走出去”战略以来，我国已经出台了大量政策措施来推动企业对外直接投资，包括税收减免、资金扶持等，有效促进了我国企业的对外直接投资。同时，在对外方面，中国贸促会、国际商会等组织机构搭建更为优质的平台来助力企业对外直接投资；投资海外的企业积极组织商会，来为新投资的企业提供服务支持，解决企业新进入东道国市场所遇到的风险。“一带一路”建设加快能够搭建更为良好的互动平台，降低企业对外直接投资的风险。

“一带一路”建设能够为我国企业投资沿线国家提供新的平台，尤其是“一带一路”建设倡导的政策互通、民心相通，能够有效降低我国企业对外直接投资的风险，提高在东道国的生存率。“一带一路”建设不仅聚焦于国家和地区之间的经贸合作，更加强调沿线国家和地区之间的投资活动，尤其是基础设施领域的投资，以此来推动“一带一路”沿线国家和地区之间的互联互通。加强我国优势产能与沿线国家和地区的对接，能够有效带动我国企业对外直接投资。在“一带一路”建设过程中，我国将与沿线国家和地区达成更多的投资协议和开展更多的投资项目合作，这为我国企业对外直接投资提供了机遇，也搭建了更为广阔的促进平台。在此基础上，我国与沿线国家和地区的合作也应当拓宽到技术进步等领域，以此来对接新科技革命，从而提升“一带一路”区域的技术水平。

三、健全新制度

企业对外直接投资不仅需要国内良好的制度环境，也需要东道国提供优质的制度环境，这样才能提高企业在东道国的生存率。但由于东道国和母国之间的商业文化、宗教文化等往往存在差异性，尤其是“一带一路”沿线国家和地区存在较大差异，企业对这些国家进行投资，如果无法准确把握这些国家和地区的制度特征和文化习俗，将会面临巨大挑战。

“一带一路”建设加快实施，能够加强我国与沿线国家和地区之间的联系，为我国企业对外直接投资提供了更为健全的制度环境。

“一带一路”建设不仅在于经济领域，推动各个国家和地区之间的经济互动，也包括制度、文化层面的建设，最终实现民心相通。所以说，“一带一路”建设能够促进我国与沿线国家和地区之间的制度差异日益缩小，减少企业对外直接投资中的风险与摩擦，为企业对外直接投资营造良好的环境。

第四节 “一带一路”背景下OFDI案例：海航并购CWT

一、海航并购CWT案例介绍

2017年4月，海航集团以10亿美元收购了新加坡物流供应商CWT，有效延伸了实体产业的布局。新加坡物流供应商CWT成立于1970年，主要业务包括集装箱码头的仓储提供以及集装箱货运服务，涵盖了物流、商品营销、金融和工程服务四大板块，业务范围包含马来西亚等90余个国家，属于新加坡国内老牌的物流企业。海航集团起步于1993年，以航空运输为主体业务，现已经成为涵盖航空、酒店、旅游、地产、商品零售、生态科技等多项业务的综合型集团。海航集团很早就开始布局海外市场，通过绿地投资、跨国并购等方式将业务范围遍布到世界各地，提升了海航集团的国际化水平。尤其是近些年，海航集团以“一带一路”建设为契机，布局沿线国家的港口物流等，为“一带一路”建设做出了贡献。当然也提高了集团自身的国际化水平，海航集团境外员工已经超过了70%。

随着“一带一路”建设的推进，我国物流规模、基础设施建设等都进入了高速增长期，以此来延伸我国实体经济的产业链，能够真正实现投资贸易一体化开放。海航集团积极把握这一契机，通过收购新加坡老牌物流企业，拓展自己的物流网络，对接国家“一带一路”倡议，提升企业国际化水平，对于做强做大自身业务、拓展海外市场具有重要意义。随着收购完成，海航集团以“一带一路”建设为契机，不断延伸自己的产业链，已经形成了“物流+信息流+资金流+商流”的商业生态。不仅如此，海航集团还投资组建了加纳 AWA 航空、并购 Swissport 公司、入伙中东欧基金等，投资基础设施，布局全球网络，紧抓高新技术、大众消费等行业的机会，极大地推动了“一带一路”建设。

二、案例启示

海航集团的案例充分说明了“一带一路”建设与企业对外直接投资应当相辅相成，“一带一路”建设为企业对外直接投资提供了优渥的条件，指明了方向；而企业投资又为“一带一路”建设起到了有效的促进作用。一方面，“一带一路”建设有效推进了企业对外直接投资。随着“一带一路”建设加速实施，我国与沿线国家和地区之间的制度环境更加完善、商贸流通更加便利、经济合作日益增强，便利了企业对外直接投资。与此同时，“一带一路”建设旨在进行全球布局，需要强有力的物流网络，这也为企业对外直接投资指明了方向。海航集团紧紧把握住了“一带一路”建设的有利契机，积极布局海外市场交通运输网络，从而形成自己的物流链，所以海航集团收购了新加坡 CWT 集团，符合“一带一路”建设的需求。另一方面，企业对外直接投资也推动了“一带一路”建设。企业是对外直接投资的主体，同样也是“一带一路”建设的主力。海航集团收购新加坡 CWT 集团是由于“一带一路”建设需求所牵引，但这种收购行为本身就促进了“一带一路”建设，能够促进“一带一路”所提到的贸易互通等，也符合“一带一路”建设的全球布局。

从战略资产寻求而言，海航集团收购CWT能够吸收先进的信息管理系统和先进的管理经验。只有掌握技术和人才，才能真正推动企业转型升级。CWT集团在新加坡扎根多年，主要从事物流产业，具有完善的信息网络系统以及优秀的管理团队。而且新加坡是世界级的物流中心，对于物流网络具有更高的要求，CWT能够很好地适应世界现代物流体系的快速发展，并且保持优势，势必具有优质的核心资源。所以，海航集团对于新加坡CWT集团的收购，并不能只看到布局了全球的物流链，支撑了海航集团航运等业务发展。更多地要看到背后物流信息技术的提升以及物流公司管理团队的先进经验，通过对先进技术和管理经验的消化、吸收、创新，能够打造更好的物流体系，从而更好地为海航集团世界范围内布局服务。

海航集团收购CWT集团不仅符合自身发展的未来定位，也符合国家发展需要。当前我国发展进入新时代，处于转型升级的关键时期，而物流产业是我国需要扶持的重点产业之一。尤其是我国电子商务的蓬勃发展，对物流产业提出了更高的要求，而且也暴露了物流产业发展中的不规范之处、落后之处。海航集团收购新加坡CWT集团，不仅能够让自己获得更加完善的世界物流网络，获得更先进的技术，同时也会带动我国物流行业更加规范地发展。

新科技革命背景下企业对外直接投资需要把握好“一带一路”建设的时代大机遇，利用好“一带一路”建设的平台载体和有利条件。新科技革命和“一带一路”建设不应当分离对待，认为新科技革命在技术领域，而“一带一路”在开放领域，而应当将两者纳入到我国对外开放的统一框架中思考和讨论。新科技革命能够提升企业生产率，提高对外直接投资的效率；“一带一路”建设侧重于企业对外直接投资的平台搭建、资源获取，但不论是新科技革命还是“一带一路”建设，最终出发点在于推动我国经济的高质量发展。

第五篇

策 略 篇

第十一章　新科技革命背景下中国企业 OFDI 的机遇与风险

第一节　新科技革命背景下中国企业 OFDI 新机遇

一、新时代提供转型发展机遇

改革开放四十年，我国经济高速发展，取得了巨大成就，已经成为世界第二大经济体。但不可否认，高速经济增长背后也留下了经济发展效率不高、区域发展不平衡、生态环境保护有待加强等问题，而其背后的逻辑在于我国经济增长依旧延续了传统的要素驱动、投资驱动路径。当前我国经济社会发展已经进入了新时代，经济增长从高速增长转向高质量发展，坚持质量第一、效率优先，实现质量变革、效率变革、动力变革。所以应当贯彻新发展理念，建设现代化经济体系。国内以供给侧结构性改革为主线，加快实施创新驱动战略；国外以“一带一路”建设为重点，打造内外开放的新格局，新时代为我国企业对外直接投资提供了转型发展的机遇。

建设现代化经济体系，国内需要以供给侧结构性改革为主线，加快去产能、去库存、去杠杆、降成本、补短板，实现国内经济转型升级、产业结构快速调整。这需要我国企业加快对外直接投资的步伐，将优势产能尽快输出，一方面缓解国内市场饱和、产能过剩的压力，另一方面也能带动东道国的产业转型升级。我国优势产能还是在传统制造业，以劳动力密集型产业为主，虽然我国经济发展使得传统制造业优势不断减弱，但对于其他发展中国家而言，传统的制造业依旧属于先进制造业，具有发展的空间。所以我国企业对外直接投资能够有效转移国内的优势产业，提升承接国的产业发展水平。

建设现代化经济体系，需要深化实施创新驱动战略，从要素驱动、投资驱动转向创新驱动、效率驱动，提升经济发展的质量。这也能加强我国企业对外直接投资的技术水平，提升对外直接投资的质量。创新驱动战略的实施能够有效促进技术水平提升，转变企业的发展模式，提升企业的生产质量，从而牵引整个产业加快转型升级。对于企业海外投资而言，国内技术水平提升能够有效带动企业的技术能力提升，进而将技术优势应用到海外投资，为我国企业对外直接投资提供良好的机遇。

建设现代化经济体系，需要建设社会主义市场经济体系，为我国企业对外直接投资提供了良好的制度环境。党的十八届三中全会就已经明确指出要使市场在资源配置中起到决定性的作用，十九大报告再次强调要深化商事制度改革，打破行政性垄断，防止市场垄断，加快要素价格市场化改革。社会主义市场经济体系的完善能够充分激发企业活动，使我国企业在对外直接投资过程中减少壁垒与摩擦，提高企业对外直接投资的审批效率，促进企业对外直接投资的积极性。

所以说，新时代为我国企业对外直接投资提供了新的环境和新的契机。

二、技术发展提供科技赶超机遇

新一轮科技革命的到来，将强有力地推动世界科技进步的步伐，对于世界科技进步的格局产生重大影响，对于全球价值链提升和产业结构优化具有十分重要的作用。新一轮科技革命将重点发生在生物医药、生命健康、人工智能等领域，对于世界产业结构产生颠覆性的影响。就我国而言，加快创新驱动战略的实施，能够有效把握新科技革命的机遇，在关键领域取得突破性进展，实现科技上的赶超式发展。而科技发展对于我国对外直接投资而言，一方面推动了产业结构升级，提升我国科技在全球价值链中的位置；另一方面，信息技术等发展有利于降低企业对外直接投资的不确定性，从而降低企业对外直接投资的风险。

全球价值链提升的主要路径在于出口贸易以及对外投资，国内技术进步能够推动产业结构转型升级，提升产业结构高级化的水平，从而引领我国产业迈向全球价值链的中高端。基于这种逻辑思路，我国企业对外直接投资在新科技革命的背景下，是提升我国在全球价值链中位置的重要路径。企业技术水平的提高，能够提高企业的生产效率以及产品的质量，而这都有利于企业在对外直接投资中形成较为明显的竞争优势，从而使企业从价值链低端的生产转向高端的设计和营销。企业对外直接投资依托技术进步能够创新更为现代化的商业管理模式，从商业管理的角度来推动在全球价值链中的提升。不仅如此，如果企业具有较强的技术吸收能力以及逆向溢出效应，通过对外直接投资也能获得先进技术，从而反哺母国产业结构的调整和经济社会的发展。

技术进步推动企业对外直接投资的另一原因在于技术进步有利于

企业对外直接投资效率的改善。当前应用型的技术进步主要聚焦于信息技术领域，即通过“互联网+”的模式来打通企业对外直接投资的审批环节以及关键环节，由此提高企业对外直接投资的效率。通过实施“互联网+”战略，能够打破政府在行政审批中的信息孤岛问题，提高企业在对外直接投资审批中的效率；通过实施“互联网+”战略，能够及时获取东道国的市场情况、政治情况等信息，降低对外直接投资企业与东道国之间的信息不对称程度，由此研判我国企业对外直接投资的风险，并据此制定防范风险的对策。

三、汇率改革提供国际金融机遇

2005 年 7 月 21 日我国开始实施汇率市场化改革，实施有管理的浮动汇率制度；2010 年重启汇改之路后，人民币汇率显著升值；2016 年 10 月 1 日人民币正式加入 SDR。2016 年下半年以来人民币汇率呈现稳定的变动趋势，但 2017 年以来人民币汇率呈现双向震荡趋势。在此过程中，企业对外直接投资面临的是新的国际金融环境，需要防范好企业对外直接投资的金融风险。

企业对外直接投资与人民币国际化密切相关，汇改之后，人民币汇率形成机制更加完善，市场化改革进一步强化，人民币汇率不断升值，这些都为我国企业对外直接投资提供了更好的机遇。但不可否认，人民币汇率形成机制还有待进一步完善。企业在对外直接投资过程中，不论是投资发展中国家还是发达国家，汇率改革带来的风险必须防范。

四、市场化改革提供国内金融机遇

我国对外直接投资离不开资金的支持，国内完善的金融市场能够有效支撑企业对外直接投资，为企业提供充足的资金保障。当前我国金融利率市场化改革已经完成，市场化改革的效果也不断显现，金融市场更加完善，企业融资更加便利化。与此同时，我国金融市场化改革仍旧持续在推进，为企业提供更加多元化的融资体系保障。

资本市场的改革能够为企业多元化融资提供保障。一方面，通过利率市场化改革促使企业间接融资获取资金的渠道更加合理有效，保障企业对外直接投资中的资金来源；另一方面，通过直接资本市场的改革，促使优质企业能有条件直接参与证券市场等，拓宽企业融资渠道以及融资空间，有利于企业做强做大。与此同时，加强对金融市场的有效监管，以供给侧结构性改革为主线，降低企业融资杠杆，真正促进企业融资结构优化，以此来助推企业对外直接投资。

小微金融模式创新能够有效解决中小企业对外直接投资的资金困境。相较于国有企业或者大中型民营企业，中小型民营企业往往存在融资难、融资贵等问题，不仅制约着企业自身的发展，也限制了企业对外直接投资。所以政府应鼓励创新小微金融，以此满足中小企业的融资需求。一方面，鼓励银行等金融机构下沉服务，创新服务方式，便利企业进行间接融资；另一方面，鼓励新型融资机构发展，包括民间借贷机构，从而拓宽中小企业融资的途径。当然，对于民间金融机构，也需要加强监管，防止系统性金融风险的发生。

第二节 新科技革命背景下中国企业 OFDI 新风险

一、政治风险

金融危机之后，世界各国和地区都开启了经济复苏的漫长道路，美国、欧盟等发达国家和地区都出台了相应的措施来刺激经济增长。但与之相伴的是，世界政治经济的不确定程度不断增高，“黑天鹅事件”频发。不仅如此，世界范围内的区域性冲突也有增长趋势，大大提高了我国企业对外直接投资的政治风险。

不仅是战争冲突等原因导致我国企业对外直接投资的风险提高，东道国政府的信用环境缺失、制度环境不完善等原因同样会使对外投资企业面临严峻的政治风险。由于我国对外直接投资的很大一部分还是投向发展中国家，而这些国家往往信用体系不健全，对于投资的项目会造成极大的风险，需要防范。譬如，我国企业在墨西哥投资的高铁项目、希腊比雷艾夫斯投资的港口项目等，都因为当地政府没有信守承诺，缺乏相应的沟通机制，使得当前所建设的铁路等基础设施无法投入使用，不仅造成了资源浪费，也打击了企业对外直接投资的积极性。

二、经济风险

经济风险在我国企业对外直接投资中扮演着重要角色，一方面世界经济风险上升会影响我国企业对外直接投资，另一方面国内经济风险增长也会弱化我国企业对外直接投资的优势。

世界各国经济的增长乏力，一定程度上会降低各国对于外商直接投资的需求，从而不利于我国企业对外直接投资的进程。不仅如此，世界各国为了刺激国内经济的增长，也会出台相应的政策措施，但这些政策措施往往不具备较长的周期性，即经济政策存在不确定性，而这种不确定的存在将会大大提高我国企业对外直接投资的不确定性风险。譬如我国投资俄罗斯木材行业，由于俄罗斯不断提高木材的出口关税，导致我国企业的相关投资受到影响。

在国内层面，经济风险也会影响我国企业对外直接投资。随着我国经济社会发展进入新时代，经济政策也会随之转型，这对国内企业对外直接投资提出了新的要求，促使企业必须把握好新一轮经济转型升级、产业结构调整的契机。但不可否认，我国在转型升级的进程中，经济政策也是存在一定的不确定性，尤其是一些地区出台不适应地方比较优势的经济政策，导致企业转型升级困难，影响企业对外直接投资的发展。譬如金融危机之后，国家大力扶持光伏产业发展，而江苏在这方面并不具有比较优势，但也大力发展光伏产业，不仅使得江苏地区的产业调整受到影响，也加大了经济风险，不利于企业对外直接投资。

三、金融风险

金融风险指的是在对外直接投资过程中，无法提前得知或分析东道国金融市场的变化，由此所面临的风险。由于对外直接投资属于跨境经济行为，需要面对的是东道国的金融风险等，同时也要面对国际金融市场的风险，最为重要的是汇率风险。譬如 2005 年 7 月我国开始实施汇率市场化改革，人民币汇率变动更容易受到国际金融市场的影响，2016 年下半年开始，人民币汇率出现大幅贬值趋势，导致我国对外投资企业面临极大的人民币汇率变动的风险。不仅如此，东道国金融市场的变动，譬如利率变化等因素，也将提高企业对外直接投资所面临的金融风险，影响我国企业对外直接投资。

不仅如此，国内金融风险也是企业对外直接投资的重要影响因素。我国企业进行对外直接投资，最重要的资金来源还在于间接融资，即通过银行等金融机构来筹措对外直接投资的经费，由此可知，国内金融市场的风险提升也会对企业对外直接投资产生影响。中小企业，由于缺乏抵押、抗风险能力弱，在金融市场上不具备优势，国内金融环境的变化对于企业来说将会造成巨大的影响。尤其是在经济下行压力陡增的境遇下，政府以壮士断腕的决心推进供给侧结构性改革，清除过剩产能、降低金融杠杆，对于生产方式落后的企业将产生巨大的影响。

四、文化风险

每个国家都有自己的文化传统，我国企业在对外直接投资中，应当充分尊重每个国家的文化传统。随着我国企业对外直接投资步伐加快，企业国际化程度日益提高，企业内部员工将呈现国家多元化、民族多元化、文化多元化、宗教信仰多元化等趋势，这就要求对外直接投资企业能够知晓东道国文化传统、宗教信仰等，真正尊重企业内部员工的文化传统和信仰。尤其是我国对外直接投资的动机已经转向技术寻求、战略资产寻求等，所以往往采取并购高技术企业来实现这一目标。处理好并购企业员工的文化传统、信仰等问题，对于企业跨国并购是否成功将起到不可估量的替代作用。

譬如 2004 年上汽集团收购韩国双龙集团，起初进展较为顺利，但由于留用的原双龙社长苏镇琯不断阻挠中方参与科技研发等事宜，2005 年上汽集团罢免了原双龙社长苏镇琯，由此导致了企业内部韩国员工的罢工。此后由于金融危机等爆发，双龙集团业绩不佳、亏损严重，加之员工的间歇性罢工，上汽集团于 2009 年正式撤出双龙集团，而韩国法院也推动双龙集团的破产。导致上汽集团收购双龙集团失败最直接的原因在于新企业与旧员工的磨合问题，两者之间的磨合不佳导致矛盾层层升级，最后导致了并购以失败告终。

五、环境风险

环境问题是我国企业对外直接投资中所需要面临的重要问题，但也是企业最容易忽视的问题。随着经济发展，环境保护越来越受到世界各国的重视。我国对外经贸合作所遇到的壁垒中，技术壁垒、绿色壁垒已经成为重要的障碍。譬如欧盟各国对我国出口产品的贸易壁垒往往设置在环境保护上，认为我国出口的产品以环境污染为代价。南方电网公司曾在缅甸投资遭遇重挫，背后的原因在于南方电网在未完成环境评估之前就着急破土动工，激怒了缅甸政府，导致投资项目失败。由此可见，不论是发达国家还是发展中国家，都越来越重视环境保护。所以，我国企业在对外直接投资过程中必须认真应对环境风险，积极采取措施来做好环境保护工作。

第三节　新科技革命背景下中国企业 OFDI 新思路

一、行业进入的选择

在新科技革命和知识经济的背景下，技术、创新等要素已成为企业赖以生存的重要基石。我国对外直接投资应加速进军先进制造业、高新技术等高附加值产业，汲取这些行业的前沿技术，反哺母国，此谓之“深度”。与此同时，积极开展资源获取、农业合作、金融商务服务等多领域的海外投资，此谓之“宽度”。

第一，积极开展先进制造业、高新技术产业的对外直接投资。截至目前，中国对外直接投资，不管是存量还是流量，在产业分布方面，主要是商贸服务业。2013 年我国对外直接投资流量中，制造业比重仅占 6.7%，且大多投资于汽车、电器机械、黑色金属冶炼、金属制品等，而诸如计算机/通信及电子设备等先进制造业占比极低，反观日本等国，制造业对外直接投资占比接近50%，且大多投资于电子产品、机械制造等高端领域。因此，我国应积极开展先进制造业、高新技术产业的对外直接投资，重点投向具有高技术、高附加值的产业，比如美国的软件业、信息产业、电子产业、航天航空、半导体、医疗器具等，德国的机械制造、汽车及电子行业等，通过逆向技术溢出的方式，提高我国制造业技术水平，促进我国产业结构优化升级，提升我国制造业在全球价值链中的地位。

第二，不断推进资源获取型对外直接投资。随着我国经济的高速发展，国内某些主要自然资源供求的矛盾日益突出，已成为经济发展的瓶颈。因此，我国对外直接投资的产业选择，仍然需要强化对资源类产业的投资。鼓励国内企业，特别是拥有雄厚资金和技术的资源密集型企业，到海外进行能满足我国经济发展需求而国内紧缺的能源、原材料、农林牧副渔产品等资源类项目的投资，不仅能弥补国内资源和市场的不足，而且可带动技术、设备的出口和人员就业。目前，我国已开展了对澳大利亚、加拿大、美洲、非洲及中东等资源丰富国家和地区的直接投资。今后，我国需充分发挥国内企业资源开采和开发的比较优势，进一步加大对资源丰富与投资环境较好国家和地区的投资。

第三，显著提高生产性服务业的对外直接投资。我国第三产业发展既有总量不足问题，又有内部结构问题。从总量看，我国第三产业占 GDP 比重长期徘徊在 40%—50%，而发达国家大多在 70%左右；从内部结构看，我国商业餐饮、交通运输等传统服务业比重较大，而发达国家主要以信息、咨询、科技、金融等新兴产业为主。我国《对外直接投资统计公报》显示，2013 年我国对外直接投资中，第三产业排名前三的行业分别是：租赁与商务服务业、金融业、批发和零售业，房地产业、科学研究与技术服务、软件与信息技术服务业等现代服务业占比微小。因此我国应大力提高生产性服务业的对外直接投资，如对英国的金融行业、瑞典的电信行业、美国和日本的科学研究行业等的直接投资，以促进我国服务业总量的提升和内部结构的优化。

二、投资区位的偏好

随着我国产业结构的不断升级，纺织、服装加工等劳动密集型产业面临着产能严重过剩的窘境，在此背景下，可将这类产业向印度尼西亚、泰国等发展中国家转移，这些国家与我国技术水平相对接近，且市场广阔，因而能较好承接这类产业，此谓之“小技术”。发达国家拥有着世界顶尖的技术水平，且是新科技革命的重要阵地，因此我国技术寻求型对外直接投资应重点投向发达国家，汲取世界前沿技术，反哺母国，此谓之“大技术”。

第一，扩大对发展中国家的市场寻求型对外直接投资。我国与广大发展中国家在经济水平、产业结构、需求偏好等方面较为相似，这为我国开展对这些国家的对外直接投资提供了有利的外部条件。目前，我国的纺织、服装、家电、机械等产业技术较为成熟，而国内竞争激烈，市场处于饱和状态，而这些产业在发展中国家仍具有较强的比较优势，通过市场寻求型对外投资，将这些产业转移到其他发展中国家，有利于中国成熟技术优势的发挥，带动国内技术、机器设备出口；同时，随着新科技革命的到来，产业转移之后我国能腾出更多资源，发展高端制造、信息技术、航空航天等战略性新兴产业，推动我国产业结构不断优化升级。

第二，加速对发达国家的技术寻求型对外直接投资。发达国家一般都拥有较好的投资环境，主要表现在：经济发展水平高、科技发达、基础设施完善等。在对发达国家的投资中，应将美国列为我国技术寻求型对外直接投资的一个重点区域。美国拥有优越的投资环境，科技发展水平处于世界前列，特别是计算机、生物工程、新材料、航空航天等领域都处于世界领先地位。许多发达国家和新兴工业化国家为了在高新技术领域的竞争中赶超美国，都千方百计地把资本投到美国的技术密集产业、地区和部门。中国企业虽然还不具备对美国进行大规模技术密集型投资的条件，但应根据需要与可能，有选择地增加在高科技领域与美国公司合资合作，促进国内技术进步。除美国外，日本、德国、澳大利亚、加拿大、英国和法国等发达国家科技水平也较为发达，是我国技术寻求型海外投资的可选区域。

三、政府扶持

第一，抓住“一带一路”建设机遇，加强与沿线各国和地区的投资合作。“一带一路”是世界上跨度最长的经济大走廊，发端于中国，贯通中亚、东南亚、南亚、西亚乃至欧洲部分区域，东牵亚太经济圈，西系欧洲经济圈。“一带一路”沿线大多是新兴经济体和发展中国家，总人口约 44 亿，经济总量约 21 万亿美元，分别约占全球的 63%和 29%。这些国家和地区普遍处于经济发展的上升期，开展互利合作的前景广阔。因此，我国政府应积极开展多边合作、区域合作，促进我国与“一带一路”沿线国家和地区之间的投资合作，进一步推动对内对外开放相互促进、引进来和走出去更好结合。

第二，创新财税金融支持体系，兼顾政策扶持的深度和广度。在新形势下我国企业开展对外直接投资，创新的财政、金融、税收等政策支持体系缺一不可。首先，加大对外直接投资的财政支持力度，设立以财政资金为种子资金的对外投资发展资金，或通过财政拨款等形式资助企业、高新技术企业“走出去”。其次，对高新技术企业、科技型中小企业等符合产业结构优化的对外投资实行税收减免政策，同时，实行国外纳税额扣除政策，避免双重征税，减轻企业税负以增强其盈利能力。再次，加大对对外直接投资企业的金融支持力度。当前，我国企业对外直接投资的国内贷款审查严、周期长、金额小，融资困难是我国大部分对外直接投资企业面临的难题。因此，我国需要充分发挥各金融机构的作用，出台具有针对性的融资鼓励和贷款优惠，为我国企业对外直接投资提供良好的融资平台。最后，健全对外直接投资的权益保障体系，我国政府应适当放松对企业的金融控制并提供必要的政府担保，一定程度地降低保费，借鉴国际金融机构和多边投资担保机构的模式创新对外投资保险，支持企业进行对外直接投资。

第三，建立对外投资信息服务平台，做好配套服务。跨国企业在对外投资时需要东道国政治、经济和法律等各方面的专业信息和服务。大量事实证明，缺乏科学的指导和正确的市场研判是我国大部分企业对外直接投资失败的直接原因。国家一方面应当完善相关咨询服务体系，鼓励相关服务机构的产生和发展；另一方面，应当利用好政府优势，为企业提供准确的东道国政治环境、市场需求、法律制度等信息服务，为企业对外直接投资搭建良好的服务平台。

四、企业创新

第一，稳扎稳打，提高企业科研实力。在新科技革命背景下，能否在科技创新上占得先机是企业生存发展的关键。而获取国际技术溢出的前提条件在于企业的消化吸收能力，究其根本在于企业自身的科研创新能力。因此我国企业在开展对外投资前，应注重科研实力的积累和人才资源的培养，稳扎稳打，不能盲目求快。首先，大幅提高企业研发投入。以谷歌、苹果和华为等跨国公司为例，其研发投入均超过总收入的10%，然而目前我国绝大多数企业该比例停留在5%以下。因此，切实提高研发投入是企业开展技术寻求型对外投资的首要任务。其次，重点关注人力资本培养。人才是知识和技术的有效载体，企业应制定人才储备和培养的长期规划，与此同时，增强技术人才的国际交流，与欧美技术强国建立人才联合培养机制。最后，促进产学研一体化建设。必要时可依托高校、科研机构和企业研发中心的优势资源，集中各种力量，打好企业技术研发、产品创新的“攻坚战”。

第二，创新模式，充分利用集群优势。新科技革命给世界经济形势带来了更多的不确定性因素，当前，我国企业对外直接投资面临更为激烈的市场竞争和更为严峻的市场风险环境。充分利用集群优势，创新对外投资模式是提高对外投资企业风险抵抗能力和市场把握能力的重要途径。首先，在对外直接投资过程中，应当采取以大企业为先导，中小企业“抱团走出去”的投资模式。大企业资本雄厚，有更强的信息搜寻和抗风险能力，因而能快速地开拓新市场。而大企业的对外直接投资，提高了相关配套服务和上游产品的需求，为中小企业的走出去创造了条件。其次，建立境外产业园。通过建立产业园，使得性质相似的企业可以集中在一起建厂，能够节约相关硬件设施的建设成本，降低企业自身的内部成本，提高企业竞争力。最后，加强与对外投资企业的联系，建立良好的企业联系网络。通过加强海外企业之间的联系，不仅能够加强市场信息的沟通，更为准确地把握东道国的市场需求，还能够加强企业对东道国的制度、法律的了解，提高走出去企业的存活率。

第三，未雨绸缪，增强风险防控能力。企业对外直接投资必须建立有效的全方位风险监控系统，最大限度地规避跨国投资损失和经营的风险。首先，在选择目标市场之前，应全面评估投资风险，包括市场风险、财务风险、环境风险、汇率风险等，并针对一系列风险提出相应的解决对策，全面评估投资是否可行。其次，充分了解东道国的经济环境，具体包括：东道国引进和保护外资的法律法规是否完善、产业政策和金融支持是否合理、关于投资纠纷的裁决是否公正合理、外商的投资权益是否能够得到有效保障等。最后，企业也需要考虑东道国的宗教信仰、语言文字、价值观念和风俗习惯等社会文化环境，避免因文化差异引起的种种纠纷。

此外，应充分发挥中国国际贸易促进委员会、中国国际商会等职能部门的“桥梁作用”，以及行业组织和协会的“自律功能”，加强企业国际投资过程中的风险防控意识以及风险防控能力。在新科技革命背景下，企业对外投资不仅需要面对市场、环境等传统风险，还需要应对技术发展等现代风险，所以政府、协会、企业等需要协同合作，共同推动企业对外投资提质增速。

第十二章　新科技革命背景下中国企业 OFDI 的新战略研究

第一节　新科技革命背景下技术寻求型 OFDI 的战略选择

新科技革命的到来，很大程度上促进了技术密集型产业的发展，这对全球价值链提升和产业结构优化升级具有重要意义。技术寻求型 OFDI 作为获取国际技术溢出，促进母国产业升级的重要途径，已为理论和实践所广泛证实。本节从区位选择、产业定位、投资模式和内部动力四方面，提出了新科技革命背景下，我国技术寻求型 OFDI 的战略选择。

一、技术寻求型 OFDI 区位选择

区位选择，顾名思义是指我国技术寻求型企业对外直接投资要投向哪个国家、哪些区域。中国企业想要获得先进技术、品牌、营销渠道等当今国际分工格局中最为稀缺的战略要素，需借助“走出去”战略，开展以获取先进技术为目的的对外直接投资，整合全球科技资源，充分利用发达国家及新兴工业化国家技术创新集群的逆向溢出效应，以提升中国企业的技术创新能力。

第一，发达国家或地区是我国技术寻求型 OFDI 的首选目标。技术寻求型 OFDI，最根本的目的是通过对外直接投资的方式，汲取东道国先进技术，以此促进母国产业的高技术化。因此，技术寻求型 OFDI 的关键在于：东道国是否具有世界领先的科技水平。以美国、欧盟和日本等为代表的发达经济体，在经济发展水平、科学技术水平等领域都处于世界领先地位。以美国为例，美国的科研水平始终处于世界领先地位，不仅拥有雄厚的科技人力资源，而且基础科学研究实力非常雄厚；此外，美国在生物技术、信息产业、航空航天业和先进制造业等高科技领域都具有超强实力，根据德勤全球制造业竞争力指数报告，美国的制造业竞争力连续多年处于前三的位置。以德国为例，德国拥有世界第二大技术出口国、欧洲创新企业密度最高国家等美誉，从造船、钻探机械制造，到高速列车、地铁、汽车、飞机等的制造，德国从来没有离开过世界前三名的位置，德国的制造业在国际上具有难以撼动的地位。以日本为例，日本以“科技立国”，日本的汽车、电子信息、高端制造等领域在全球制造业分工体系中居于至关重要的地位，不少领域的核心技术、关键装备、高精尖产品生产等对美国构成了巨大挑战。随着新科技革命的到来，美国等发达国家早已未雨绸缪，美国《国家创新战略》已把新能源技术、生物技术和纳米技术等列为优先发展的重要产业。可以说，发达国家几乎垄断了全球高端技术的创造、流转与应用，因此我国技术寻求型 OFDI 应重点投资于美国、欧盟和日本等发达经济体，通过逆向技术溢出的方式不断汲取其先进生产技术，以促进母国企业技术进步和产业升级。

第二，新兴工业化国家或地区是我国技术寻求型 OFDI 的必要补充。传统 OFDI 理论指出，对外直接投资一般在地理位置相近、技术水平相近、制度水平相近的国家之间产生。在技术领域（比如高端制造业等)，我国与美国、德国等发达国家尚存在一定的距离，由于技术水平相距甚远且科技人员吸收能力不强等原因，我国未必能够成功地获取到这些国家的核心技术，在这种情况下，选择与我国技术水平相近的新兴工业化国家和地区开展技术寻求型 OFDI 则显得更加适合。以韩国、新加坡为代表的新兴工业化国家，在经济、科技实力方面虽不如发达国家，但在某些领域的技术水平已属世界前列。以韩国为例，韩国是世界电子产品的佼佼者，内存、液晶显示器及等离子显示屏等平面显示装置和移动电话都在世界市场中具领导地位，世界知名的韩国电子产品制造商有三星、LG、SK 等，其中三星是全球最大的信息技术公司。因此，对我国技术寻求型 OFDI 来说，除了发达国家，韩国、新加坡等新兴工业化国家和地区是我国技术寻求型 OFDI 的必要补充。

二、技术寻求型 OFDI 产业定位

产业定位，顾名思义是指我国技术寻求型企业对外直接投资要投向哪些产业。20 世纪 90 年代开始，我国家电行业成为技术寻求型 OFDI 的先驱，比如海尔、长虹等企业通过实施“走出去”战略，已形成了强大的技术研发能力；在 IT 行业，华为等企业通过海外投资，从一个名不见经传的小企业，迅速成长为比肩爱立信、思科等全球 IT 巨头的跨国公司；相较于家电和 IT 行业，我国很多制造业领域在技术研发、技术储备、创新体系建设方面与国外巨头差距明显，因此在制造业领域的对外直接投资的技术寻求动机更为显著。

第一，切实增强先进制造业领域技术寻求型 OFDI。现阶段，我国产业结构仍存在诸多不足，以第二产业为例，制造业虽大但不强，在国际产业分工中，我国制造业长期被锁定在价值链的低端环节，大

多数行业集中在加工组装领域，而在研发、技术、专利、销售、服务等高附加值环节没有比较优势。相反，美国、德国作为世界数一数二的制造业强国，在先进材料、高端装备制造等领域拥有全球最顶级的技术水平，一般而言，通过技术引进、模仿创新的方式很难实现，需借助技术寻求型 OFDI 的方式，获取这些国家先进制造业技术，以提升我国制造业水平。但我国《对外直接投资公报显示》，2013 年我国对外直接投资流量中，制造业比重仅占 6.7%，且大多投资于汽车、电器机械、黑色金属冶炼、金属制品等领域，而诸如计算机/通信及电子设备等先进制造业占比十分稀少，反观日本等国，制造业对外直接投资接近 50%，且大多投资于电子产品、机械制造等高端领域。因此，我国技术寻求型 OFDI 的产业定位，应重点投向具有高技术、高附加值的先进制造业，比如美国的软件业、信息产业、电子产业、航天航空、半导体、医疗器具等，德国的机械制造、汽车及电子行业等，通过逆向技术溢出的方式，提高我国制造业水平，促进我国产业结构优化升级，提升我国制造业在全球价值链中的地位。

第二，显著提高高端服务业领域技术寻求型 OFDI。从第三产业看，我国第三产业发展既有总量不足问题，又有内部结构问题。从总量看，我国第三产业比重长期徘徊在 40%—50%，而发达国家大多在 70%左右；从内部结构看，我国商业餐饮、交通运输等传统服务业比重较大，占 40%以上，发达国家主要以信息、咨询、科技、金融等新兴产业为主。我国《对外直接投资统计公报》也显示，2015 年我国对外直接投资中，第三产业排名前三的分别是：租赁与商务服务业、金融业、批发和零售业，房地产业、科学研究与技术服务业、软件与信息技术服务业等高端服务业占比微小。因此我国应显著提高服务业领域（特别是生产性服务业）的技术寻求型对外直接投资，如投资英国的金融行业、瑞典的电信行业、美国和日本的科学研究行业等，以促进我国服务业总量的提升和内部结构的优化。

三、技术寻求型 OFDI 投资模式

我国技术寻求型 OFDI 的技术获取因投资模式的不同而有所差异。本节主要从绿地投资、跨国并购、战略联盟和国际研发四个角度探讨我国技术寻求型 OFDI 的投资模式选择。

第一，绿地投资。又称新建投资，主要有两种形式：一是建立独资企业（Wholly-Owned），二是建立合资企业（Joint-Venture）。若跨国企业拥有技术、市场营销或产品等方面独特的优势，希望垄断和控制其独有的资源，且东道国对独资企业和合资企业的优惠差别不大，跨国公司通常会选择独资经营；若跨国公司希望依靠东道国合作企业提供技术、资金、人才、营销渠道等资源，那么跨国公司通常会选择建立合资企业。跨国公司通过绿地投资的方式，嵌入东道国创新研发网络，“渐进获取”东道国先进技术，提升母公司研发创新能力。对我国跨国企业来说，与发达国家相比，我国在生产技术、生产工艺等方面尚存在差距，因此我国跨国企业适合通过建立“合资企业”的投资模式，嵌入发达国家高新技术产业集群，通过模仿、联系、交流等途径，获取其关键技术，达到技术学习的目的。

第二，跨国并购。在对外直接投资不同模式中，跨国并购有着独特的优势，包括兼并和收购两种模式。与绿地投资的“渐进获取”不同，跨国并购以“直接获取”的方式获取东道国企业的核心技术、研发团队、市场营销渠道等战略资产。从本世纪初开始，随着中国加入 WTO 和“走出去”战略的加速实施，中国企业异军突起，迅速成为全球并购市场不可忽视的一支力量。在并购对象选择方面，中国企业

更多转向发达国家的企业；并购行业方面，中国企业对技术密集型行业（高技术制造业、电子信息产业）和资源类企业（能源、矿产）表现出浓厚的兴趣，以弥补企业上下游的发展短板。因此，在未来对外直接投资过程中，我国应加强技术获取型跨国并购，通过并购的方式直接获取发达国家的核心技术、研发团队等战略性资产，以此提升我国研发创新能力。

第三，战略联盟。是指跨国公司为实现某种战略目标，在世界范围内寻求有共同发展利益的合作伙伴，达到资源共享、风险共担、优势互补的国际合作模式。当前国际竞争的实质是以企业技术创新能力为核心的企业间的竞争。在全球新科技革命背景下，代表未来发展方向的信息技术、生物工程、新材料、航天航空等战略性新兴产业，研发投入大，周期长，且面临着较大的不确定性，单一企业难以独自承担，因此，以实现共同技术创新为目的的技术研发战略联盟颇受跨国公司的青睐。对我国来说，建立技术研发战略联盟十分必要，通过与国际企业的技术合作，能够迅速分享先进技术成果，实现共同创新、交换创新和扩散创新，提升我国企业技术创新能力。

第四，国际研发。是指企业研发活动不再局限于母国境内，而是把研发活动的触角伸向全球，建立海外研发中心（机构），在全球范围内配置研发资源，实现“研发资源获取的全球性、创新人才的国际化、技术创新组织的网络化”。UNCTAD（2005）提出：“尽管迄今为止仍有大部分发展中国家没有参与到国际化研发之中，但是发展中国家更多地参与跨国公司国际研发活动的趋势可能会加速；在发达国家进行国际研发是发展中国家在对外直接投资中进行技术提升的一个重要方面，其主要目的是获取发达国家的先进技术和研究能力，以提升自身的技术水平和增强国际竞争力。”自 20 世纪 90 年代以来，中国企业开始走出国门，在境外建立研发机构，主要集中在发达国家（地区），主要分布在IT、汽车、家电等行业，如海尔、华为、联想等纷纷在硅谷、东京等高新技术产业园建立国际研发机构。因此，我国技术寻求型OFDI可以通过在美国、欧洲、日本等发达国家和地区建立国际研发机构的形式，获取发达国家的先进技术和研发能力，从而提升自身的技术水平和增强国际竞争力。

四、技术寻求型OFDI内部动力

跨国企业通过对外直接投资的形式获取东道国先进技术，其重要前提在于母国企业的消化吸收能力①。消化吸收能力的具体表现，则是母国企业的创新资源投入和技术人才培养。

第一，母国企业创新资源投入。纵观中国企业技术寻求型OFDI比较成功的企业，无一不是重视研发投入。以华为为例，年研发投入达数百亿元人民币，占总收入的14%，远高于国内企业平均1.27%的研发强度。最近10年间，华为累计研发投入1539亿元人民币。华为对R&D投入的重视，足可以比肩谷歌、苹果、三星、微软等行业巨头。因此，我国跨国企业进行技术寻求型OFDI的同时，应大力增强企业自身的科研创新投入，只有企业自身技术创新水平的提高，才能更好地学习和吸收发达国家的技术溢出。

第二，母国企业技术人才培养。技术与知识的创造、学习、扩散和吸收等环节，人才都发挥着举足轻重的作用。跨国公司在海外建立研发战略联盟、国际研发机构等，包括交流、对话、合作等重要环节都是通过技术人才的作用得以实现，因此，如果跨国公司不重视人才

① 茹玉骢：《技术寻求型对外直接投资及其对母国经济的影响》，《经济评论》2004年第2期。

的培养，其技术获取、技术进步的目的均不可能实现。对我国跨国企业来说，一方面，要建立人才储备、培养的长效机制，重视高素质人才的培养和使用；另一方面，要增强技术人才的国际交流，与美、日等发达国家合作，进行人才的联合培养，为技术寻求型对外直接投资做好人才准备。

第二节　新科技革命背景下市场寻求型 OFDI 的战略选择

新科技革命为我国产业结构转型升级带来新的机遇。由上文的分析可知，无论是夕阳产业的转移还是服务业对外直接投资对我国的产业结构调整都有着积极的影响。然而，如何把握好这一历史机遇，提高我国夕阳产业、服务业走出去的效益，进而促进国内经济发展质量的提升，是当下我国面临的重大挑战。本节仅从产业选择、市场选择、策略选择等方面，提出我国市场寻求型企业 OFDI 的战略选择。

一、市场选择

我国夕阳产业的转移以及服务业对外直接投资首先面临的是产业转移到哪、资金投向哪的问题。如何合理地选择对外投资市场，获取企业利益最大化是企业对外直接投资的难题。市场选择的正确与否直接关乎企业 OFDI 的效益甚至企业投资的成败。

第一，我国夕阳产业的转移应当首选泰国、越南、菲律宾等东南亚国家。之所以选择东南亚地区，主要原因有：首先，大量的研究已经表明，地理距离与一国对外直接投资的效益存在负向的关联，在控制其他变量时，地理距离越远，对外直接投资效益越差。这主要是因为地理距离越大，母国和东道国的文化差异、制度差异、语言差异越大，因而母国对东道国的直接投资越困难。从地理位置上看，东南亚各国与中国的距离较近，我国与东南亚各国的文化差异、语言差异也较小，因而对东南亚各国进行产业转移较为方便。其次，从东南亚的经济环境来说，大多数东南亚国家经济发展水平相对我国较低，产业结构仍以劳动密集型产业为主导。并且，东南亚各国劳动力资源充沛，工资水平较低，因而在这些地区进行投资，生产成本较低。最后，从东南亚地区的市场需求来说，由于大多数东南亚国家人均收入水平仍然偏低，因此，一些在我国是夕阳产业的行业，在东南亚仍然具有较大的市场需求。正是基于东南亚地区这些特点，将我国夕阳产业向这些地区进行转移，能够较好地与当地的环境相契合，提高企业对外直接投资的成功率和效益。

第二，服务业对外直接投资应当首选欧美等发达国家。之所以选择欧美国家，主要原因有：首先，服务业作为对技术要求较高的产业，能否获得先进技术，是关乎服务业对外直接投资是否成功的重要因素。而欧美作为科学技术发达的地区，我国对其进行直接投资有利于我国企业直接学习先进技术和管理经验，并且将我国企业的技术研发直接纳入到国际技术研发体系中去，有利于促进我国企业吸收、利用已有成果，加速我国企业的研发投入，提升我国企业的技术水平以及国际化水平。并且，大量的研究也已表明，通过服务业的对外直接投资能够产生技术溢出效应，将国外的先进技术和管理经验反馈回母国，从而提高了我国企业发展的质量，促进我国产业结构的调整和优化。此外，在新科技革命的背景下，欧美地区重新注重制造业的发展，特别是高技术、高附加值的制造业回归，而这些企业专业化生产水平较高，因而其对相关的配套服务要求较高，如金融、物流、仓储等服务，这就对服务业提出了更多的需求，为服务业的发展提供了广阔的市场，这也就为我国服务业企业对其直接投资提供了良好的机遇。

二、策略选择

策略选择从微观层面上讲是企业对外直接投资的方式，与技术寻求型企业 OFDI 相似，投资方式具体包括绿地投资、跨国并购、战略联合等方式，上一章已经进行了较为详尽的阐述，在此不再赘述。从宏观上讲，市场寻求型的企业对外直接投资策略选择包括国内各类型企业“走出去”的可能性、提高企业“走出去”成功率的方式手段以及国内可以为企业“走出去”提供的政策支持。

夕阳产业的转移以及服务业的对外直接投资应当注重“抱团走出去”，提高我国企业对外直接投资的存活率。通过企业抱团走出去，我国企业能发挥规模效应，一方面，通过建立产业园，让性质相似的企业集中在一起建厂，节约相关硬件设施的建设成本，并由此获得集聚而产生的经济外部性，降低企业自身的内部成本；另一方面，企业能够加强信息的沟通，更为准确地把握东道国的市场信息，并且能够加强对东道国的制度了解，在特定情况下还能相互提供法律支持，由此保障和提升我国企业对外直接投资的效益。

在夕阳产业的转移以及服务业对外直接投资的过程中，应当注重发挥民营企业的作用。相较于国有企业，民营企业的生存环境更为艰苦，因此更善于在夹缝中寻找商业机会，民营企业在对外直接投资中具有较大潜力。但目前制约我国民营企业“走出去”的重要因素是融资较为困难。一方面，国内企业想从国内贷款到国外进行投资，面临较为苛刻的审查机制，并且贷款周期长，获得的贷款量较小；另一方面，国内企业在国外金融机构融资，又受到东道国的制约，特别是进行夕阳产业转移的地区本身资金匮乏，因此难以获得融资。因此，我国对民营企业应当进一步放宽“走出去”的条件，并且对其提供必要的政策、贷款支持，促进民营企业带动我国夕阳产业、服务业“走出去”，从而促进我国国内的产业结构的调整和升级。

第三节　新科技革命背景下多重混合型OFDI的战略选择

企业对外投资的目的向来不是单一的，而存在多重混合动机的企业对外直接投资，相较于单一动机的海外投资，面临着更大的风险和挑战。无论科研实力，还是品牌知名度，我国跨国企业相较于欧美跨国公司都不存在明显的竞争优势，我国企业多重混合型对外投资的国际化经营水平仍停留在较低层次，此外，包含技术寻求动机的混合型OFDI要素配置的流动性和优势性都明显较弱。现阶段，正值新科技革命前夜，在此背景下，我国企业应充分把握契机，克服我国多重混合型OFDI的重重困境。

一、投资动机角度

不管是出于市场寻求、资源获取，还是出于技术寻求的目的，企业在对外直接投资过程中，需要付出要素转移和跨区域配置的代价。对我国企业来说，要在短期内完成两个或三个投资目标，甚为艰难。因此，我国企业在进行多重混合型OFDI时，一方面，要确定首要和次要投资目标，抓主要矛盾，即以某一投资动机为主要目标，另一个或者两个为次要目标，集中优势资源，尽力完成主要的投资目标，在有余力的基础上，完成次要目标。随着新科技革命和知识经济的来临，效率、技术和创新等核心要素日益成为当今跨国公司竞争的焦点，因此，在市场—技术混合型或者是市场—资源—技术混合型对外直接投资过程中，应该把技术寻求作为企业对外直接投资的首要动因，充分利用此次新科技革命的契机，学习发达国家先进的技术和经验，实现技术反哺和知识外溢。另一方面，大力推进高端制造业和服务业海外投资。我国多重混合型 OFDI 多集中于传统制造业部门，而诸如计算机通信、电子设备等高新技术产业占比微小。高新技术产业通常涉及信息技术、新材料、新兴制造等前沿技术，加大此类产业的对外投资，能够迅速获取国际先进技术，推动我国相关领域技术升级和产业变革。此外，随着我国产业结构的不断升级，服务业在我国经济格局中的地位愈来愈重要，然而当前我国在服务业领域的对外投资量小力微，不成规模。因此，我国应大力推进服务业多重混合型对外直接投资，以促进我国服务业总量的提升和内部结构的优化。

二、投资方式角度

对外直接投资涉及企业要素的跨区域配置，对企业的资金实力、经营能力和技术水平都提出了“高要求、高标准”，特别是民营企业，在规模、资金等方面都相对弱势，其在对外直接投资的过程中面临着更大的障碍与困境。在此背景下，我国政府作为企业“走出去”背后的强力支撑，一方面，应加大企业“走出去”的财政支持和税收减免。在新形势下实施我国企业对外直接投资战略，创新的财政、金融、税收等政策支持体系缺一不可。应尽快设立以财政资金为种子资金的对外投资发展资金，或通过财政拨款等形式，资助民营企业、高新技术企业对外投资项目。对高新技术企业、科技型中小企业等符合产业结构优化的对外投资实行税收减免政策，同时，实行国外纳税额扣除政策，避免双重征税，减轻企业税负以增强其盈利能力。除此之外，我国需要充分发挥各金融机构的作用，出台具有针对性的融资鼓励和贷款优惠，为我国企业海外投资提供良好的融资平台。另一方面，要建立对外投资信息服务平台，做好配套服务。跨国企业在对外投资时需要东道国政治、经济和法律等各方面的专业信息和服务。大量事实证明，缺乏科学的指导和正确的市场判断是我国很多企业对外直接投资失败的直接原因。我国政府应当尽快完善相关服务咨询体系，鼓励相关服务机构的产生和发展；与此同时，应当利用好政府优势，为企业提供准确的东道国政治环境、市场需求、法律制度等信息服务，为企业对外直接投资搭建良好的服务平台。

第十三章　新科技革命背景下中国企业 OFDI 的保障对策

第一节　制度环境保障：完善投资政策体系

一、出台投资促进政策

制度环境建立的关键在于投资政策体系完善，以此为我国企业对外直接投资提供良好的环境。2002 年我国开始全面实施“走出去”战略，对外直接投资快速增长，由此可见政策支持对于企业对外直接投资具有重要的促进作用。当前世界政治经济不确定性增加，国内经济转型升级加速，政府需要出台专门的对外直接投资政策来鼓励企业“走出去”。

一是要从全球价值链提升出发来出台政策，促使企业积极布局海外市场。新一轮科技革命和产业革命将对现有的全球技术产生创造性破坏，并将导致全球价值链重构。我国应当出台相应的措施来迎接新科技革命以及应对新科技革命所带来的变化。一方面，鼓励企业对外直接投资，寻求高端技术和战略资产，提升企业技术水平，通过逆向技术溢出来带动国内经济的转型升级以及产业结构调整；另一方面，鼓励企业自主研发，尤其是在基础性领域，通过跨国并购以及国际合作来提升企业在全球价值链中所处的地位。

二是要从“一带一路”建设大背景出发，促使企业加强与“一带一路”沿线国家和地区的投资与经贸合作。新科技革命背景下国内企业将面临大洗牌，高科技企业将如雨后春笋，异军突起。但传统产业还是需要扩大市场范围，为国内产业腾笼换鸟提供空间。所以应当出台扶持措施促进企业积极投资“一带一路”沿线国家和地区，以此来拓宽传统产业的市场半径。尤其是鼓励企业投资“一带一路”沿线国家和地区的基础设施领域，对这些企业从政策上给予保障。

二、打造良好投资环境

制度保障不仅需要投资促进政策来推动企业对外直接投资，也需要做好国内保障工作，为企业提供良好的投资环境。要不断完善社会主义市场经济体系，使得微观企业更有活力、宏观调控更有效果，发挥市场在经济运行中的主导作用，打造良好的投资环境。

一是完善市场经济体系，激发企业活力，保障企业可持续发展。明确政府与市场的边界，以市场为主导来进行资源配置。一方面，积极鼓励企业对外直接投资，参与国际竞争与国际分工，促进我国产业迈向全球价值链中高端；另一方面，不能将“看得见的手”伸得过长，过度干预企业对外直接投资行为。要完善市场经济体系，保障企业自主权，同时激发企业生产投资活力，在企业对外直接投资中做好保障服务工作。

二是以“放管服”为切入口，加快简政放权，简化对外直接投资的行政审批手续，提高企业对外直接投资的效率。不断完善制度供给，加强简政放权的力度与深度，简化企业对外直接投资中的行政审批手续，从而提高企业对外直接投资的效率。不仅如此，政府部门需要积极自我革命，从管理型政府向服务型政府转变，做好企业对外直接投资的保障与服务工作。打破政府部门之间的信息孤岛，加速政府各部门之间协同办公的进程，降低企业对外投资的审批时间，切实为企业做好服务保障工作。

三、提供投资促进平台

企业对外直接投资需要利用好贸促会、国际商会、行业协会等各组织部门，而这些部门也应当通力合作，降低企业在对外直接投资中的信息不对称，及时发布相应的投资信息以及风险预警，做好企业对外直接投资的服务保障。尤其是新科技革命背景下，信息技术快速发展，应当利用好网络平台来及时发布信息，降低企业投资的风险。

一是中国国际贸易促进委员会、中国国际商会等组织机构应当加强合作，搭建企业对外直接投资的信息发布平台。并及时与国外商会等组织机构进行沟通和联系，保障企业对外直接投资的顺利进行。与此同时，应当发挥好已在海外投资企业的桥梁作用，带动国内企业对外直接投资。譬如利用好各地的商会组织、行业协会组织，为企业对外直接投资提供更加有效实用的信息。

二是以“互联网+”为纽带，共享企业对外投资项目信息以及风险信息。新一轮科技革命将在信息领域实现突破，包括云计算、大数据、人工智能等。我国牢牢把握这一契机，已经在互联网经济领域取得了巨大成就。要通过“互联网+”布局海外生产网络，提高企业生产效率。企业在对外直接投资中，也应当利用好互联网，了解对外直接投资的实时信息，包括项目进展、风险预警等，保障企业对外直接投资顺利展开。

第二节　产业政策保障：提升产业发展质量

一、坚持供给侧结构性改革

供给侧结构性改革以“三去一降一补”为目标，旨在实现产业结构升级、经济高质量发展。所以，我国企业 OFDI 的产业基础还是要以供给侧结构性改革为主线，淘汰落后产能、清除僵尸企业、培育新兴产业，促使我国产业向高端化演进，从而提升我国企业 OFDI 的产业基础。

一是围绕“三去一降一补”，出台产业扶持政策，保障企业发展。通过产业政策引导，清除无效供给、淘汰落后产能，提高产业有效供给的强度。具体而言，一方面出台相应措施清除落后产能，通过政策工具来为新兴产业提供发展的空间；另一方面出台新兴产业培育计划，来引导新兴产业快速发展，从而培育新兴产能，有效调整我国产业结构。

二是以制度建设为切入口，加强有效制度供给，引领企业转变生产模式。落实产业政策还需要完善的制度保障，所以供给侧结构性改革不仅需要着眼于具体的产业政策，还需要良好的市场环境或者制度环境，即需要处理好政府与市场之间的关系。所以要以制度建设为切入口，加强政府的自我革命，打造服务型政府，为企业对外直接投资提供有效的制度供给。在此进程中，尤其需要落实好依法治国理念，通过法律来对企业 OFDI 进行有效规范，保障企业 OFDI 高质量增长与发展。

二、深化实施创新驱动战略

科技进步是经济发展的核心动力，而创新驱动是科技进步的具体路径和表达形式。我国企业发展中需要以创新驱动为着力点，转变生产方式，以此推动我国企业 OFDI 向高端化跃进。具体而言，创新驱动战略实施不仅需要政府推进，还需要完善科技市场来提升成果转化率。

一是各地要大力实施创新驱动战略，提高科技进步在企业发展中的促进作用。明确创新驱动战略对于企业发展的重要意义，政府需要出台政策来保障创新驱动战略的实施，以此提升企业对外直接投资的质量。在此过程中，鼓励企业发挥主观能动性，建立研究院、博士后流动站等科研平台，提升企业科研水平，将创新驱动战略真正落实到企业微观层面。

二是要加快基础领域研究进度，建设创新型国家。党的十九大报告明确指出，我国应当加快创新驱动战略实施，加快基础领域研究取得突破性进展，推动建设创新型国家，而这与新科技革命和新产业革命的发展趋势相吻合。所以深化创新驱动战略不仅在科技应用领域，也应当在基础研究领域，从而提高国家科技实力，真正使我国成为科技强国。

三、全面有效对接两新革命

新科技革命和新产业革命对于世界将产生创造性破坏，颠覆传统的生产模式以及产业结构，重构全球价值链分工，所以我国在产业政策出台过程中，应当充分研判新科技革命以及新产业革命将发生的领域，为企业提供足够的引导，使得企业对外直接投资能够布局新科技革命和新产业革命将要发生的领域，从而提高我国企业的技术水平。

一是加强对新科技革命和新产业革命的研究，出台相应的产业引导计划，来有效对接新一轮科技革命和产业革命。应组织专业团队力量对新科技革命和新产业革命进行研究和研判，明确新科技革命和新产业革命将要发生的领域，并定期公布研究成果，使企业和社会了解新科技革命和新产业革命的有利契机，并且出台相应的引导计划和扶持政策，真正促使我国企业在新科技革命和新产业革命中受益。

二是鼓励企业把握新科技革命和新产业革命契机，使得企业在对外直接投资过程中能够布局新科技革命和新产业革命发生的领域。新一轮科技革命和产业革命将发生于信息技术、生命科学等领域，政府应当鼓励企业在对外直接投资中积极布局这些高端产业，通过逆向技术溢出效应来反哺母国的科技进步，有效提升企业对外直接投资的质量。

第三节　财税金融保障：破解企业融资难题

一、加大财政扶持力度

财政扶持对于企业对外直接投资具有重要的促进作用，不论是直接财政资金支持还是间接税收减免，都能够减轻企业发展的负担，一定程度上缓解企业对外直接投资中的资金压力。与此同时，政府通过财政扶持也显示了支持企业对外直接投资的决心，有利于企业树立信心进行对外直接投资。

一是要加大财政资金支持力度。对于地方企业进行对外直接投资的，应当给予财政资金的直接补助，尤其是做好两类型对外直接投资的补助工作。一方面要做好对“一带一路”沿线国家和地区进行投资的企业扶持工作。因为“一带一路”沿线国家和地区相对于发达经济体，其经济风险、政策风险较高，企业对这些国家和地区开展直接投资不仅需要政府在政策上给予充分保障，也需要政府从财政资金上进行直接补助。另一方面要支持企业对高技术产业投资的行为。随着我国经济发展，企业对外直接投资越来越倾向于技术寻求和战略资产寻求，对于这类型的对外直接投资，需要政府进行鼓励和支持，建议通过财政资金的补助来提高企业对外直接投资的成功率。

二是要加大税收减免力度。对于企业对外直接投资的支持，在财政资金直接补助的基础上，还可以通过税收减免的方式进行有效支持，减轻企业税收负担，以此鼓励企业开展对外直接投资活动。但不论是直接财政补助，还是间接的税收支持，都需要加强对企业对外直接投资的监管，防止财政补助的失效。而且这种监管不应该是事后监管，应当是事前—事中—事后的流程式监管，保障企业的良好运营态势。

二、打造多层级融资体系

从企业内部而言，企业对外直接投资中最大的障碍是资金问题，所以解决好企业资金问题是促进企业对外直接投资强有力的手段。从融资方式而言，间接融资是企业最为主要的融资方式，但直接融资亦是企业融资的重要途径，应打造多层级的融资体系以解决企业对外直接投资中的资金问题。

一是要完善银行等金融机构融资体系，为企业对外直接投资融资提供保障。以金融市场化改革为契机，完善银行等金融机构的间接融资体系，尤其是要巩固利率市场化改革的成果，使得企业间接融资更加具有规模效益。与此同时，鼓励民间金融机构的发展，积极引导民间资本进入实体经济领域，解决企业尤其是高科技企业对外直接投资中的资金需求问题。但对于民间资本需要加强监管，防止系统性风险的发生。

二是要加快打造直接资本市场，鼓励有条件的企业通过直接融资途径来解决资金融通问题。证券市场等直接融资渠道是企业解决资金问题的重要路径，政府应当鼓励有条件的企业直接参与资本市场。随着我国对外直接投资步伐加快，涌现出一大批具有实力的跨国企业，对于这些企业，应当加强扶持力度，鼓励其上市，做强做大，从而推动我国对外直接投资的进一步发展。

三、加快发展小微金融服务

中小企业尤其是民营中小企业不仅是我国经济社会发展的“主力军”，也是我国对外直接投资的主要力量。但相较于大中型企业，中小企业规模小、抗风险能力弱，在金融市场上不具备竞争力，由此产生了融资贵、融资难的问题，对于这些问题的解决，还是需要完善小微金融服务。

一是银行应当创新小微金融服务模式，不断下沉服务来满足中小微企业的需求。中小企业融资的主要模式还是以银行为主导的间接融资，所以解决中小企业融资困境问题需要银行创新小微金融服务。一方面，通过下沉服务来满足中小企业的资金需求，包括贷款最低额度、利率水平等，都应当给予中小企业最大力度的支持；另一方面，创新小微金融服务模式，譬如台州民生银行的“共同基金”，将企业集群进行担保从而获取较高融资额度，以此来推动银行创新小微金融服务模式来满足中小企业对于资金的需求。在此过程中，应当充分利用“互联网+”，通过互联网来连接资金需求与供给，简化中小企业融资的审批手续，降低企业成本，提高企业运行效率。

二是鼓励有条件的中小企业上市，积极参与直接资本市场。直接融资不是大中型企业的专利，发展势头良好的中小企业也具有参与直接资本市场的条件和能力。应当鼓励有条件的中小企业积极进行上市融资，直接参与资本市场，以此提升企业实力。由于中小企业往往集中分布，龙头企业通过上市融资也会对周边其他企业产生示范效应，带动区域周边的中小微企业发展速度。

第四节　研发创新保障：搭建科技中介市场

一、加大研发创新投入

新科技革命对于企业对外直接投资的影响主要是通过全球价值链来体现，通过科技进步的路径来对企业创新能力施加影响。而企业开展科技研发活动具有很强的风险，所以需要政府资金支持来为企业做背书，使企业能够有效开展研发创新活动。

一是要提供专项资金来鼓励企业开展研发活动。大量研究表明，政府直接的资金支持能够更加有效地提升企业研发创新的绩效，所以应当提供专项资金来对企业研发活动进行支持。在此过程中，应当充分考虑企业异质性。由于企业存在异质性，导致了企业创新能力存在差异性，在资金扶持的过程中，应当将企业异质性充分考虑在内。即创新能力高的企业得到更多的资金扶持，而创新能力不高的企业适当减少资金支持。通过这种方式，充分激发企业创新潜力，增加企业创新活动。

二是鼓励企业与高校之间通力合作来开展研发创新活动。企业和高校是两大创新主体，两者之间应当加强合作、加大投入来开展研发活动。高校更多的是侧重基础研究、企业更多的是侧重应用研究，应当将两者进行有效结合，从而提高研发的效率。一方面，企业可以提出创新需求，使得高校的研究更加具有针对性；另一方面，高校可以为企业研发创新提供基础理论支撑，从而使得企业技术研发更具有可行性。

二、构建完善的科技中介市场

研发创新活动的展开最终目的是转变经济发展方式，从要素驱动、投资驱动转向创新驱动、效率驱动，而这就需要研发创新活动的成果能够真正转化为企业生产的技术，即需要提高科技成果的转化率。构建完善的科技中介市场，对于科技成果转化至关重要。

一是要加快建设科技中介市场，以此提升科技成果的转化率。当前我国大力实施创新驱动战略取得了显著成效，经济发展方式有了很大转变，但依旧存在效率不高等问题，导致这些问题产生或者说制约创新驱动战略实施的很大原因在于我国科技中介市场不完善，科技供给与需求不匹配，导致了科技成果转化率较低。所以需要打造信息充分流通的科技成果中介市场，以市场化机制来提高科技成果的转化率，使得企业研发创新更具有标的，撬动科技成果的有效供给。创新驱动战略实施的成果需要落地，关键步骤在于完善科技中介市场。

二是要完善我国科技管理体制。当前我国科技管理体制沿用的是较为落后的管理体制，随着新一轮科技革命的兴起，现行的科技管理体制很难真正适应科技研发领域的新特征、新需求和新模式，亟须转型升级。所以在加大科技研发投入的过程中，还需要做好科技管理体制的改革工作，使得管理体制能够真正适应科技进步速度。

三、加强知识产权保护力度

建立科技中介市场提高科技成果转化率对于企业发展具有重要作用，但其重要前提是要建立完善的知识产权保护制度。只有完善的知识产权保护制度，才能够吸引企业加强研发创新活动，才能够让企业对接新科技革命，通过对外直接投资来获取先进技术。

一是要加快知识产权保护的立法工作。现阶段我国知识产权保护工作已经有了很大改观，但是对标美国、德国、日本等发达国家，我国知识产权保护工作依旧存在差距，而且知识产权侵权行为屡见不鲜，而其根本原因在于薄弱的知识产权保护法律体系。所以加强知识产权保护力度首要任务在于建立完善的知识产权保护法律体系。在此过程中，应当充分认识到互联网技术快速发展的客观事实，加大力度来完善网络市场知识产权保护的法律法规，从而真正搭建起线上线下全覆盖的知识产权保护法律体系。

二是要加强知识产权监管力度以及侵权行为的执法力度。构建完善的知识产权保护体系是基础，加强知识产权监管力度以及侵权行为的处罚力度是手段，打造良好的知识产权保护氛围是目标。所以不论是网络知识产权侵权行为还是实体知识产权侵权行为，都应当零容忍，采用法律武器对其进行有效打击，以此保护企业从事研发创新活动的积极性，也能够鼓励企业开展技术寻求型对外直接投资活动。

第五节　专业人才保障：加速尖端人才培养

一、加速领军人才引进

我国企业对外直接投资过程中，需要专业化人才。随着新科技革命不断深入，企业所需要的人才是更加复合型的，不仅需要有国际化视野，能够驾驭企业布局海外市场，更应当是科技型人才，了解新科技革命所带来的影响。所以我国企业在对外直接投资中，应当加速领军人才的引进。

一是从美国、欧洲等发达国家和地区引进领军人才，来提高企业对外直接投资的效率。对于这些人才，不仅需要具备良好的商业素养，更需要的是技术型人才，真正能够带领企业在对外直接投资中布局高新产业，适应新科技革命发展趋势，促进我国全球价值链的提升。

二是要充分发挥领军人才引进的外溢效应，提升我国人才培养水平。技术具有很强的外溢效应，能够带动周边企业的技术进步，而人才亦具有外溢效应，能够带动我国人才素质的提升。所以对于引进的领军人才，应当充分发挥其外溢效应，通过传帮带等形式将先进管理经验在企业内部传播扩散，并以此为契机引入先进的人才培养模式，带动企业人才培养体系的转变。

二、加强高端人才培养

我国企业的高端人才不能仅仅依靠从发达国家引进，最为重要的是需要国内培养，所以专业人才保障体系的构建需要综合外引和内培。应转变人才考核导向、调整人才培养方案，来提升人才培养质量。

一是要加快高校人才培养模式转变，培养创新创业的复合型人才。当前高校的人才培养模式仍旧停留在传统教育层面，创新创业教育显著不足，导致复合型人才培养能力明显薄弱。所以国内人才培养的首要工作在于调整高校人才培养模式，前提在于转变高校的考核体系，构建真正适应复合型人才培养的有利环境。复合型人才不仅需要有理论水平，也需要有实践能力，所以应当注重职业教育，大力发展职业教育，使得我国人才培养体系更加合理化、多元化。要加大职业教育的宣传力度，消除全社会对职业教育的偏见，真正推动职业教育的良性发展。

二是要加强高等院校之间的交流合作，协同创新促进人才培养。我国高等院校数量不断增加，质量不断提高，所以在人才培养上应当加强合作，发挥协同创新的正外部性，促进人才培养向高端化演进。高校之间的合作不能仅仅停留在科学研究层面，在人才培养层面也应该深入推进。一方面，加强教师之间的交流，取长补短，提升教师队伍的育人能力；另一方面，加强学生之间的互访，使学生能够更好地体验不同学校之间的教学教育模式，通过学生反馈来进行自我完善。在条件允许情况下，鼓励教师和学生出国访问和交流，提升教师群体和学生群体的国际化视野。

总之，要加强高端人才的培养，为我国企业对外直接投资打下人才基础。

三、完善人才配套设施

新科技革命下我国企业对外直接投资的专业化人才保障不仅需要

注重人才的外引内培，还需要注重基础配套设施建设，能够真正留得住人才，营造良好的工作生活环境。

一是要做好人才资助体系建设。对于专业化高级人才，不论是政府还是企业，都应当给予充分尊重以及资助。当前国家层面已经出台了“千人计划”等诸多人才资助政策，地方政府也应当积极匹配，吸引人才的回流。虽然人才引进是政府工程，但也需要企业的积极参与。通过提供良好的工作环境，来吸引专业化人才进驻。当然，对于享受资助计划的人才，应当建立考核标准，并定期对其进行合理考核，真正保证人才政策的有效性。

二是做好人才服务保障工作。不断完善基础设施建设，包括商业设施、医疗设施、教育设施、休闲设施等，能够为人才引进提供良好的生活环境，使其能够安心地工作，减少人才流失的可能性。同时，人才服务保障工作不仅需要从硬件设施上进行完善，也需要从软件上加强，包括解决配偶工作问题、子女入学问题、户籍问题等。所以，专业化人才保障体系打造是系统性工程，需要政府、企业及全社会的共同努力。这样才能保障我国企业对外直接投资、促进我国企业可持续发展、推进我国经济转型升级。

参考文献

安苑、王珺：《财政行为波动影响产业结构升级了吗？——基于产业技术复杂度的考察》，《管理世界》2012 年第 9 期。

白春礼：《世界科技创新趋势与启示》，《科学发展》2014 年第 3 期。

白洁：《对外直接投资的逆向技术溢出效应——对中国全要素生产率影响的经验检验》，《世界经济研究》2009 年第 8 期。

卜伟、易倩：《OFDI 对我国产业升级的影响研究》，《宏观经济研究》2015 年第 10 期。

蔡锐、刘泉：《中国的国际直接投资与贸易是互补的吗？——基于小岛清"边际产业理论"的实证分析》，《世界经济研究》2004 年第 8 期。

曾春霞、林柳琳：《中国对外 FDI 规模与宏观经济变量的实证研究》，《特区经济》2007 年第 12 期。

陈菲琼、钟芳芳、陈珧：《中国对外直接投资与技术创新研究》，《浙江大学学报（人文社会科学版）》2013 年第 4 期。

陈昊、吴雯：《中国 OFDI 国别差异与母国技术进步》，《科学学研究》2016 年第 1 期。

陈俊聪、黄繁华：《对外直接投资与贸易结构优化》，《国际贸易问题》2014 年第 3 期。

陈愉瑜：《中国对外直接投资的贸易结构效应》，《统计研究》2012年第9期。

程贵孙：《新科技革命和新产业革命促进上海提高城市生产效率研究》，《科学发展》2015年第8期。

程惠芳、阮翔：《用引力模型分析中国对外直接投资的区位选择》，《世界经济》2005年第11期。

仇怡、吴建军：《我国对外直接投资的逆向技术外溢效应研究》，《国际贸易问题》2012年第10期。

戴春宁、王守清：《中国对外投资项目案例分析》，清华大学出版社2009年版。

戴翔：《对外直接投资对国内就业影响的实证分析——以新加坡为例》，《世界经济研究》2006年第4期。

丁焕峰：《技术扩散与产业结构优化的理论关系分析》，《工业技术经济》2006年第5期。

丁振辉、翟立强：《美国对外直接投资与贸易选择》，《国际贸易问题》2013年第8期。

杜传忠、郭树龙：《中国产业结构升级的影响因素分析——兼论后金融危机时代中国产业结构升级的思路》，《广东社会科学》2011年第4期。

范爱军、李菲菲：《产品内贸易和一般贸易的差异性研究——基于对我国产业结构升级影响的视角》，《国际经贸探索》2011年第4期。

范欢欢、土相宁：《我国对外直接投资对国内产业结构的影响》，《科技管理研究》2006年第11期。

方甲：《产业结构问题研究》，中国人民大学出版社1997年版。

方民生:《新技术革命和产业结构的调整》,《浙江学刊》1984 第 4 期。

冯春晓:《我国对外直接投资与产业结构优化的实证研究——以制造业为例》,《国际贸易问题》2009 年第 8 期。

冯昭奎:《科技革命发生了几次——学习习近平主席关于“新一轮科技革命”的论述》,《世界经济与政治》2017 年第 2 期。

冯昭奎:《中国的机器人产业发展与新科技革命》,《人民论坛·学术前沿》2016 年第 15 期。

付海燕:《对外直接投资逆向技术溢出效应研究——基于发展中国家和地区的实证检验》,《世界经济研究》2014 年第 9 期。

付凌晖:《我国产业结构高级化与经济增长关系的实证研究》,《统计研究》2010 年第 8 期。

干春晖、郑若谷、余典范:《中国产业结构变迁对经济增长和波动的影响》,《经济研究》2011 年第 5 期。

高越、李荣林:《国际生产分割、技术进步与产业结构升级》,《世界经济研究》2011 年第 12 期。

古广东:《中国企业对外直接投资对出口贸易影响分析》,《亚太经济》2008 年第 1 期。

郭国云:《中国对外直接投资的产业选择》,《统计研究》2008 年第 9 期。

郭晔、赖章福:《货币政策与财政政策的区域产业结构调整效应比较》,《经济学家》2010 年第 5 期。

何传启:《第 6 次科技革命的主要方向》,《中国科学基金》2011 年第 5 期。

何传启:《科技革命与世界现代化——第六次科技革命的方向和

挑战》,《江海学刊》2012年第1期。

何传启:《第六次科技革命的中国战略机遇》,《决策》2012年第6期。

胡兵、邓富华:《腐败距离与中国对外直接投资——制度观和行为学的整合视角》,《财贸经济》2014年第4期。

黄亮雄、安苑、刘淑琳:《中国的产业结构调整:基于三个维度的测算》,《中国工业经济》2013年第10期。

黄群慧、贺俊:《"第三次工业革命"中国经济发展战略调整——技术经济范式转变的视角》,《中国工业经济》2013年第1期。

黄晓玲、刘会政:《中国对外直接投资的就业效应分析》,《管理现代化》2007年第1期。

贾妮莎、韩永辉、邹建华:《中国双向FDI的产业结构升级效应:理论机制与实证检验》,《国际贸易问题》2014年第11期。

贾妮莎、申晨:《中国对外直接投资的制造业产业升级效应研究》,《国际贸易问题》2016年第8期。

江小涓、杜玲:《对外直接投资理论及其对中国的借鉴意义》,《经济研究参考》2002年第73期。

姜巍:《中国OFDI国内就业的总体效应与产业差异实证》,《统计与决策》2017年第23期。

姜泽华、白艳:《产业结构升级的内涵与影响因素分析》,《当代经济研究》2006年第10期。

蒋冠宏、蒋殿春:《中国工业企业对外直接投资与企业生产率进步》,《世界经济》2014年第9期。

蒋冠宏、蒋殿春:《中国企业对外直接投资的"出口效应"》,《经济研究》2014年第5期。

揭水晶、吉生保、温晓慧：《OFDI 逆向技术溢出与我国技术进步——研究动态及展望》，《国际贸易问题》2013 年第 8 期。

景红桥、王伟：《金融体制，法律起源与我国对外直接投资的区位选择》，《国际贸易问题年》2013 年第 12 期。

靖学青：《产业结构高级化与经济增长——对长三角地区的实证分析》，《南通大学学报：社会科学版》2005 年第 3 期。

李琮：《科技革命新高潮与西方经济的若干结构性变化》，《管理世界》1991 年第 5 期。

李东坤、邓敏：《中国省际 OFDI、空间溢出与产业结构升级——基于空间面板杜宾模型的实证分析》，《国际贸易问题》2016 年第 1 期。

李逢春：《对外直接投资的母国产业升级效应——来自中国省际面板的实证研究》，《国际贸易问题》2012 年第 6 期。

李逢春：《中国对外直接投资推动产业升级的区位和产业选择》，《国际经贸探索》2013 年第 2 期。

李健、徐海成：《技术进步与我国产业结构调整关系的实证研究》，《软科学》2011 年第 4 期。

李江帆、曾国军：《中国第三产业内部结构升级趋势分析》，《中国工业经济》2003 年第 3 期。

李磊、白道欢、冼国明：《对外直接投资如何影响了母国就业？——基于中国微观企业数据的研究》，《经济研究》2016 年第 8 期。

李磊、蒋殿春、王小霞：《企业异质性与中国服务业对外直接投资》，《世界经济》2017 年第 11 期。

李磊、郑昭阳：《议中国对外直接投资是否为资源寻求型》，《国际贸易问题》2012年第2期。

李梅、柳士昌：《对外直接投资逆向技术溢出的地区差异和门槛效应——基于中国省际面板数据的门槛回归分析》，《管理世界》2012年第1期。

李荣林：《国际贸易与直接投资的关系：文献综述》，《世界经济》2002年第4期。

李阳、臧新、薛漫天：《经济资源、文化制度与对外直接投资的区位选择——基于江苏省面板数据的实证研究》，《国际贸易问题》2013年第4期。

刘斌、王杰、魏倩：《对外直接投资与价值链参与：分工地位与升级模式》，《数量经济技术经济研究》2015年第12期。

刘海云、廖庆梅：《中国对外直接投资对国内制造业就业的贡献》，《世界经济研究》2017年第3期。

刘宏、汪段泳：《中国对外直接投资现状与特点研究》，《国际金融》2010年第12期。

刘桔林：《新科技革命与全球产业变革对我国的影响研究》，《科学管理研究》2013年第4期。

刘阳春：《中国企业对外直接投资动因理论与实证研究》，《中山大学学报（社会科学版）》2008年第3期。

刘源超：《发展中国家对外直接投资的理论与模式研究》，北京大学博士研究生学位论文，2008年。

鲁万波、常永瑞、王叶涛：《中国对外直接投资、研发技术溢出与技术进步》，《科研管理》2015年第3期。

罗伟、葛顺奇：《中国对外直接投资区位分布及其决定因素——基于水平型投资的研究》，《经济学季刊》2013年第3期。

马亚明、张岩贵：《策略竞争和发展中国家的对外直接投资》，《南开经济研究》2000 年第 4 期。

毛其淋、许家云：《中国对外直接投资促进抑或抑制了企业出口?》，《数量经济技术经济研究》2014 年第 9 期。

毛其淋、许家云：《中国企业对外直接投资是否促进了企业创新》，《世界经济》2014 年第 8 期。

欧阳峣：《基于“大国综合优势”的中国对外直接投资战略》，《财贸经济》2006 年第 5 期。

潘素昆、袁然：《不同投资动机 OFDI 促进产业升级的理论与实证研究》，《经济学家》2014 年第 9 期。

潘颖、刘辉煌：《中国对外直接投资与产业结构升级关系的实证研究》，《统计与决策》2010 年第 2 期。

潘镇、金中坤：《双边政治关系、东道国制度风险与中国对外直接投资》，《财贸经济》2015 年第 6 期。

裴长洪、樊瑛：《中国企业对外直接投资的国家特定优势》，《中国工业经济》2010 年第 7 期。

裴长洪：《吸收外商直接投资与产业结构优化升级——“十一五”时期利用外资政策目标的思考》，《中国工业经济》2006 年第 1 期。

彭磊：《关于发展中国家对发达国家直接投资的一个注解》，《财贸经济》2004 年第 8 期。

祁春凌、黄晓玲、樊瑛：《技术寻求，对华技术出口限制与我国的对外直接投资动机》，《国际贸易问题》2013 年第 4 期。

乔晶、胡兵：《中国对外直接投资：过度抑或不足》，《数量经济技术经济研究》2014 年第 7 期。

邱立成、杨德彬：《中国企业 OFDI 的区位选择——国有企业和民营企业的比较分析》，《国际贸易问题》2015 年第 6 期。

茹玉骢：《技术寻求型对外直接投资及其对母国经济的影响》，《经济评论》2004 年第 2 期。

史学贵、施洁：《技术进步、对外贸易与产业结构转型——中国产业结构演进动力分析》，《经济问题探索》2015 年第 4 期。

宋勇超：《中国对外直接投资目的效果检验——以资源寻求型 OFDI 为视角》，《经济问题探索》2013 年第 8 期。

隋玉龙：《科技革命、产业革命及其影响》，《国际研究参考》2013 年第 6 期。

孙晓华、王昀：《对外贸易结构带动了产业结构升级吗？——基于半对数模型和结构效应的实证检验》，《世界经济研究》2013 年第 1 期。

谭亮、万丽娟：《中国对外直接投资与进出口贸易关系的实证分析》，《重庆大学学报（社会科学版）》2010 年第 1 期。

汤婧、于立新：《我国对外直接投资与产业结构调整的关联分析》，《国际贸易问题》2012 年第 11 期。

万丽娟、彭小兵、李敬：《中国对外直接投资宏观绩效的实证》，《重庆大学学报（自然科学版）》2007 年第 5 期。

汪琦：《对外直接投资对投资国的产业结构调整效应及其传导机制》，《国际贸易问题》2004 年第 5 期。

王根军：《比较劣势产业对外直接投资与我国产业升级》，《印度洋经济体研究》2004 年第 3 期。

王海军、宋宝琳：《中国对外直接投资的动因研究——基于市场与资源两种因素的探讨》，《西安交通大学学报（社会科学版）》

2013 年第 3 期。

王军、黄卫冬：《东道国制度质量对中国 OFDI 的影响》，《产业经济评论》2016 年第 6 期。

王洛林、江小涓：《大型跨国公司投资对中国产业结构、技术进步和经济国际化的影响》，《中国工业经济》2000 年第 5 期。

王胜、田涛、谢润德：《中国对外直接投资的贸易效应研究》，《世界经济研究》2014 年第 10 期。

王胜、田涛：《中国对外直接投资区位选择的影响因素研究——基于国别差异的视角》，《世界经济研究》2013 年第 12 期。

王恕立：《不均衡理论与对外直接投资要素流动》，《企业经济》2011 年第 2 期。

王庭东：《新科技革命、美欧"再工业化"与中国要素集聚模式嬗变》，《世界经济研究》2013 年第 6 期。

王一鸣：《新科技革命对我国经济体制改革的要求》，《经济理论与经济管理》2002 年第 3 期。

王英、刘思峰：《中国对外直接投资的出口效应：一个实证分析》，《世界经济与政治论坛》2007 年第 1 期。

王英：《中国对外直接投资的产业结构调整效应研究》，南京航空航天大学博士学位论文，2007 年。

魏浩：《中国对外直接投资战略及相关问题》，《国际经济合作》2008 年第 6 期。

魏巧琴、杨大楷：《对外直接投资与经济增长的关系研究》，《数量经济技术经济研究》2003 年第 1 期。

文东伟、冼国明：《垂直专业化与中国制造业贸易竞争力》，《中国工业经济》2009 年第 6 期。

吴进红：《对外贸易与长江三角洲地区的产业结构升级》，《国际贸易问题》2005 年第 4 期。

吴先明、黄春桃：《中国企业对外直接投资的动因：逆向投资与顺向投资的比较研究》，《中国工业经济》2016 第 1 期。

习近平：《让工程科技造福人类、创造未来》，《人民日报》2014 年 6 月 4 日。

项本武：《东道国特征与中国对外直接投资的实证研究》，《数量经济技术经济研究》2009 年第 7 期。

项本武：《中国对外直接投资的贸易效应研究——基于面板数据的协整分析》，《财贸经济》2009 年第 4 期。

项本武：《中国对外直接投资：决定因素与经济效应的实证研究》，社会科学文献出版社 2005 年版。

肖文、周君芝：《国家特定优势下的中国 OFDI 区位选择偏好》，《浙江大学学报（人文社会科学版）》2014 年第 1 期。

肖文、韩沈超：《地方政府效率变动对企业"走出去"的影响——基于 2004—2012 年省级面板样本的检验》，《浙江大学学报（人文社会科学版）》2016 年第 1 期。

肖文、姜建刚：《境内企业兼并重组的影响因素研究——基于外资并购股权结构的分析》，《国际贸易问题》2015 年第 2 期。

肖文、姜建刚：《外商投资企业股权结构的影响因素研究》，《社会科学战线》2015 年第 4 期。

肖文、薛天航、潘家栋：《金融结构对产业升级的影响效应分析》，《浙江学刊》2016 年第 3 期。

小岛清：《对外贸易理论》，周宝廉译，南开大学出版社 1987 年版。

许南、李建军：《产品内分工、产业转移与中国产业结构升级》，《管理世界》2012 年第 1 期。

薛求知、朱吉庆：《中国对外直接投资发展阶段的实证研究》，《世界经济研究》2007 年第 2 期。

严明：《海外投资金融支持——以中国企业为对象》，社会科学文献出版社 2006 年版。

阎大颖：《中国企业对外直接投资的区位选择及其决定因素》，《国际贸易问题》2013 年第 7 期。

杨建清、周志林：《我国对外直接投资对国内产业升级影响的实证分析》，《经济地理》2013 年第 4 期。

杨建清：《对外直接投资对母国就业的影响》，《商业时代》2004 年第 35 期。

杨娇辉、王伟、谭娜：《破解中国对外直接投资区位分布的“制度风险偏好”之谜》，《世界经济》2016 第 11 期。

杨智峰、陈霜华、汪伟：《中国产业结构变化的动因分析——基于投入产出模型的实证研究》，《财经研究》2014 年第 9 期。

叶娇、赵云鹏：《对外直接投资与逆向技术溢出——基于企业微观特征的分析》，《国际贸易问题》2016 年第 1 期。

于超、葛和平：《对外直接投资的母国就业效应研究》，《统计与决策》2011 年第 20 期。

余官胜：《东道国金融发展和我国企业对外直接投资——基于动机异质性视角的实证研究》，《国际贸易问题》2015 年第 3 期。

余官胜、都斌、范朋真：《中国“天生对外直接投资”企业的特征与影响因素——基于微观层面数据的实证研究》，《国际贸易问题》2017 年第 10 期。

余官胜、林俐：《企业海外集群与新晋企业对外直接投资区位选择——基于浙江省微观企业数据》，《地理研究》2015年第2期。

俞毅、万炼：《我国进出口商品结构与对外直接投资的相关性研究——基于VAR模型的分析框架》，《国际贸易问题》2009年第6期。

袁小慧、范金、王凯：《新一轮科技革命背景下居民消费升级对中国产业转型影响研究》，《新疆社会科学》2015年第6期。

詹鸣、王磊：《从奥巴马政府创新战略看美国科技创新机制》，《科技创新与品牌》2012年第1期。

张春萍：《中国对外直接投资的贸易效应研究》，《数量经济技术经济研究》2012年第6期。

张宏：《我国对外直接投资的产业选择》，《齐鲁学刊》2003年第3期。

张晖明、丁娟：《论技术进步、技术跨越对产业结构调整的影响》，《复旦学报（社会科学版）》2004年第3期。

张娟、刘钻石：《中国对非洲直接投资与资源寻求战略》，《世界经济研究》2012年第3期。

张纪凤、黄萍：《替代出口还是促进出口——我国对外直接投资对出口的影响研究》，《国际贸易问题》2013年第3期。

张如庆：《中国对外直接投资与对外贸易的关系分析》，《世界经济研究》2005年第3期。

张为付：《国际经济分工与企业边界》，《南京社会科学》2009年第7期。

张小蒂、朱勤：《论全球价值链中我国企业创新与市场势力构建的良性互动》，《中国工业经济》2007年第5期。

赵红、张茜:《外商直接投资对中国产业结构影响的实证研究》,《国际贸易问题》2006 年第 8 期。

赵若玺、徐治立:《新科技革命会带来什么样的产业变革》,《人民论坛》2017 年第 15 期。

赵伟、古广东、何元庆:《外向 FDI 与中国技术进步:机理分析与尝试性实证》,《管理世界》2006 年第 7 期。

赵伟、江东:《ODI 与中国产业升级:机理分析与尝试性实证》,《浙江大学学报(人文社会科学版)》2010 年第 3 期。

郑展鹏:《中国对外直接投资国内学者研究综述》,《首都经济贸易大学学报》2012 年第 6 期。

周昌林、魏建良:《产业结构水平测度模型与实证分析——以上海、深圳、宁波为例》,《上海经济研究》2007 年第 6 期。

周茂、陆毅、陈丽丽:《企业生产率与企业对外直接投资进入模式选择——来自中国企业的证据》,《管理世界》2015 年第 11 期。

朱卫平、陈林:《产业升级的内涵与模式研究——以广东产业升级为例》,《经济学家》2011 年第 2 期。

宗芳宇、路江涌、武常岐:《双边投资协定,制度环境和企业对外直接投资区位选择》,《经济研究》2012 年第 5 期。

Barro, R. and Lee, J. W., "International Comparisons of Educational Attainment", *Journal of Monetary Economics*, Vol. 32, No. 3, 1993.

Braconier, H., Ekholm, K. and Knarvik, K. M.,"In Search of FDI-Transmitted R&D Spillovers: A Study Based on Swedish Data", *Review of World Economics*, No. 4, 2000.

Branstetter, L., "Is Foreign Direct Investment a Channel of Knowledge Spillovers? Evidence from Japan's FDI in the United States", *Journal of*

International Economics, Vol. 68, No. 2, 2006.

Buckley, P. J. and Casson, M., *The Economic Theory of the Multinational Corporate*, Macmillan Press LTD, 1976.

Buckley, P. J., Clegg, L. J. and Cross, A. R., et al., "The Determinants of Chinese Outward Foreign Direct Investment", *Journal of International Business Studies*, Vol. 38, No. 4, 2007.

Buckley, P. J. and Voss, H., "Historic and Emergent Trends in Chinese Outward Direct Investment", *Management International Review*, Vol. 48, 2008.

Cantwell, J. and Tolentino, P. E. E., "Technological Accumulation and Third World Multinationals", *International investment and business studies*, 1990.

Caves, R. E., "International Corporations: The Industrial Economics of Foreign Investment", *Economica*, Vol. 38, No. 149, 1971.

Chen, V. Z., Li, J. and Shapiro, D. M., "International Reverse Spillover Effects on Parent Firms: Evidences from Emerging-Market MNEs in Developed Markets", *European Management Journal*, Vol. 30, No. 3, 2012.

Chenery, H. B., Syrquin, M. and Elkington, H., *Patterns of development, 1950-1970*, London: Oxford University Press, 1975.

Child, J. and Rodrigues, S. B., "The Internationalization of Chinese Firms: A Case for Theoretical Extension?", *Management and Organization Review*, Vol. 1, No. 3, 2005.

Coe, D. T. and Helpman, E., "International R&D Spillovers", *European Economic Review*, No. 39, 1995.

Cohen, W. M. and Levinthal, D. A., "Absorptive Capacity: A New

Perspective on Learning and Innovation", *Administrative science quarterly*, 1990.

Colin and Clark, *The Conditions of Economic Progress*, Macmillan, 1957.

Deng, P., "Outward Investment by Chinese MNCs: Motivations and Implications", *Business Horizons*, Vol. 47, No. 3, 2004.

Dowlinga, M. and Cheang, C. T., "Shifting Comparative Advantage in Asia: New Tests of the 'Flying Geese' Model", *Journal of Asian Economics*, Vol. 11, No. 4, 2000.

Driffield, N. and Love, J. H., "Foreign Direct Investment, Technology Sourcing and Reverse Spillovers", *The Manchester School*, Vol. 71, No. 6, 2003.

Dunning, J. H. and Narula, R., *The Investment Development Path Revisited Some Emerging Issues*, London & New York: Routledge, 1996.

Dunning, J. H., "Explaining the International Direct Investment Position of Countries: Towards a Dynamic or Developmental Approach", *Review of World Economics*, Vol. 117, No. 1, 1981,

Dunning, J. H., "The Eclectic Paradigm as an Envelope for Economic and Business Theories of MNE Activity", *International Business Review*, Vol. 9, No. 2, 2000.

Dunning, J. H., *The Investment Development Cycle and Third World Multinationals*, Routledge, 1986.

Dunning, J. H., "Toward an Eclectic Theory of International Production: Some Empirical Tests", *Journal of International Business Studies*, Vol. 11, No. 1, 1980.

Dunning, J. H., *Trade, Location of Economic Activity and the MNE: A*

Search for an Eclectic Approach, London: MacMillan, 1977.

Fisher, A. G. B., *The Clash of Progress and Securit*, London: Macmillan, 1935.

Gene, M., Grossman and Elhanan Helpman, *Innovation and Growth in the Global Economy*, The MIT Press, 1991.

Gereffi, G. and Tam, T., "Industrial Upgrading through Organizational Chains: Dynamics of Rent, Learning, and Mobility in the Global Economy", 93rd Annual Meeting of the American Sociological Association, 1998.

Gereffi, G., "International Trade and Industrial Upgrading in the Apparel Commodity Chain", *Journal of International Economics*, Vol. 48, No. 1, 1999.

Griliches, Z., "The Search for R&D Spillovers", *Scandinavian Journal of Economics*, No. 4, 1992.

Hiley, M., "The Dynamics of Changing Comparative Advantage in the Asia-Pacific Region", *Journal of the Asia Pacific Economy*, Vol. 4, No. 3, 1999.

Huang, Y., Morck, R. K. and Yeung, B., "ASEAN and FTAA: External Threats and Internal Institutional Weaknesses", *Business and Politics*, Vol. 6, No. 1, 2004.

Huang, Y. and Wang, B., "Chinese Outward Direct Investment: Is there a China Model?" *China & World Economy*, Vol. 19, No. 4, 2011.

Humphrey, J. and Schmitz, H., "Chain Governance and Upgrading: Taking Stock in Schmitz Local Enterprises in the Global Economy", *Issues of Governance and Upgrading*, 2004.

Hymer, S., *The International Operations of National Firms: A Study of Foreign Direct Investment*, The MIT Press, 1960.

Jain, N. K. , Lahiri, S. and Hausknecht, D. R. , " Emerging Market Multinationals' Location Choice: The Role of Firm Resources and Internationalization Motivations", *European Business Review*, Vol. 25, No. 3, 2013.

John, H. and Dunning, *Explaining International Production*, London: Unwin Hyman Ltd, 1988.

Kiggundu, M. N. , "A Profile of China's Outward Foreign Direct Investment to Africa", *Proceedings of the American Society of Business and Behavioral Sciences*, Vol. 15, No. 1, 2008.

Kindleberger, C. P. , "American Business Abroad", *Thunderbird International Business Review*, Vol. 11, No. 2, 1969.

Kojima, K. , *Direct Foreign Investment: A Japanese Model of Multi-National Business Operations*, London: Groon Helm, 1978.

Kuznets, S. , *Economic Growth of Nations: Total Output and Production Structure*, Belknap Press of Harvard University, 1971.

Kuznetsov, A. V. , " Foreign investments of Russian companies: Competition with West European and East Asian multinationals", *Herald of the Russian Academy of Sciences*, Vol. 86, No. 2, 2016.

Lall, S. , "Industrial Policy: The Role of Government in Promoting Industrial and Technological Development", *UNCTAD Review*, 1994.

Lall, S. , *The New Multinationals: The Spread of Third World Enterprises*, John Wiley & Sons, 1983.

Leontief, W. W. , "Quantitative Input and Output Relations in the Economic Systems of the United States", *The Review of Economic Statistics*, 1936.

Lewis, W. A. , *The Evolution of the International Economic Order*, Princeton University Press, 1978.

Li, L. ,Liu,X. and Yuan, D. ,et al. , "Does Outward FDI Generate Higher Productivity for Emerging Economy MNEs? Micro-Level Evidence from Chinese Manufacturing Firms", *International Business Review*, 2017.

Lichtenberg, F. R. and Pottelsberghe, de. ,"International R&D Spillovers", *European Economic Review*, No. 5, 1996.

Lin, C. F. , "Does Chinese OFDI Really Promote Export?", *China Finance & Economic Review*, Vol. 4, No. 1, 2016.

Lipsey,R. E. and Feliciano, Z. ,"Foreign Entry into US Manufacturing by Takeovers and the Creation of New Firms", National Bureau of Economic Research, 2002.

Lipsey, R. E. , Feenstra, R. C. and Hahn, C. H. , et al. , *The Role of Foreign Direct Investment in International Capital Flows*, University of Chicago Press, 1999.

Mathews, J. A. ,"Dragon Multinationals: New Players in 21st Century Globalization", *Asia Pacific Journal of Management*, Vol. 23, No. 1, 2006.

Meyer, K. E. ,"Perspectives on Multinational Enterprises in Emerging Economies", *Journal of International Business Studies*, Vol. 35, No. 4, 2004.

Ngai,L, R. and Pissarides, C. A. ,"Structural Change in A Multisector Model of Growth", *The American Economic Review*, Vol. 97, No. 1, 2007.

Poon,T. S. C. ,"Beyond the Global Production Networks: A Case of Further Upgrading of Taiwan's Information Technology Industry", *International Journal of Technology and Globalisation*, Vol. 1, No. 1, 2004.

Porter,M. E. ,*Competitive Advantage:Creating and Sustaining Superior Performance*, New York: Free Press, 1985.

Pottelsberghe, de. la. and Lichtenberg, F. R. , "Does Foreign Direct

Investment Transfer Technology Across Borders?", *Review of Economics and Statistic*, *No*. 3, 2001.

Ramasamy, B., Yeung, M. and Laforet, S., "China's Outward Foreign Direct Investment: Location Choice and Firm Ownership", *Journal of World Business*, Vol. 47, 2012,

Ramasamy, B. and Yeung, M., "The Determinants of Foreign Direct Investment in Services", *The World Economy*, Vol. 33, No. 4, 2010.

Rugman, A. M.,"Internalization as a General Theory of Foreign Direct Investment: A Reappraisal of the Literature", *Review of World Economics*, Vol. 116, No. 2, 1980.

Vernon, R., "International Investment and International Trade in the Product Cycle", *Quarterly Journal of Economies*, Vol. 80, 1966.

Wei, Z., "The Literature on Chinese Outward FDI", *Multinational Business Review*, Vol. 18, No. 3, 2010.

Wei, Y., Zheng, N. and Liu, X., et al., "Expanding to Outward Foreign Direct Investment or not? A Multi-Dimensional Analysis of Entry Mode Transformation of Chinese Private Exporting Firms", *International Business Review*, Vol. 23, No. 2, 2014.

后　记

本书系国家科技部软科学研究计划“新科技革命背景下中国企业OFDI的新战略研究”（编号：2014GXS4D111）的研究成果，衷心感谢国家科技部软科学研究计划的支持。改革开放四十周年，我国经济高速增长，经济总量跃居世界第二；社会主义市场经济体系日益完善，对外开放程度不断加深，对外直接投资逐年递增，已经成为资本净输出国。改革开放取得了巨大成就，本书选取我国企业OFDI为对象展开研究，献礼改革开放四十周年。

本书以“价值链重构”和“产业结构调整”为分析切入点，依托新科技革命背景下的中国企业OFDI驱动机制与战略决策机制，重点研究企业OFDI与新科技革命耦合的内在机理。在此基础上，对标比较美国、日本、韩国对外投资的先进经验，并针对性地研究技术寻求型、市场寻求型和多重混合型这三类不同驱动机制下的OFDI形成原理。聚焦民营企业OFDI、企业集群式OFDI模式及“一带一路”建设，以专题形式研究新科技革命背景下中国企业OFDI的发展。最后，本书提出新科技革命背景下中国企业OFDI所面临的机遇与挑战及新科技革命背景下中国企业OFDI的战略选择与保障体系。其中，书中所提的部分政策建议刊发于国家科技部《软科学要报》，这无疑是对本书学术价值和实践价值的极大肯定。

本书三易其稿，得到了专家学者的大力支持。特别感谢国家科技部、浙江省科技厅、宁波市科技局等部门领导的大力支持，为本书顺利完稿提供了坚强后盾；感谢国家科技部办公厅原巡视员胥和平研究员、国家科技部科技发展战略研究院原常务副院长王元研究员、上海市科学学与科技政策研究会会长李健民研究员、浙江省委党校原教务长、浙江省特级专家陆立军教授、浙江工商大学经济学院党委书记徐锋教授、宁波市科技局全继业博士等专家学者，您们的肯定对我们是极大的鼓励；感谢浙江省委党校王祖强教授、王立军教授、包海波教授的大力支持，使本书顺利完成；感谢浙江大学宁波理工商学院孙伍琴教授、林承亮教授、赓金洲博士后等专家和学者带来的广阔思路，为初稿成型提供了想法；感谢韩沈超博士、李兰博士生、薛天航博士生等人的资料搜集和实地调研工作。

本书研究新科技革命背景下中国企业 OFDI 的发展策略，尝试探索新科技革命与企业 OFDI 之间的理论耦合，并从技术寻求型、市场寻求型、多重混合型三类不同动机入手剖析新科技革命对不同动机 OFDI 的影响，并聚焦中国企业 OFDI 的新特征、新模式与新契机，提出新科技革命背景下中国企业 OFDI 的机遇、风险、策略与保障，能够为新科技革命背景下中国企业 OFDI 提供借鉴参考，丰富现有的学术研究。但不可否认，新科技革命瞬息万变，将会产生“创造性的破坏”，且学界鲜有研究探讨新科技革命与企业 OFDI 之间的互动，导致研究新科技革命与中国企业 OFDI 具有很强的挑战性。

党的十九大报告明确指出要建设创新型国家，关键在于深化创新驱动战略，在基础领域取得突破性进展、培育一批标志性成果，这就需要牢牢把握新科技革命契机。攻坚关键技术核心环节、抢滩尖端技术战略高地，提高我国科技研发实力，促进我国产业迈向全球价值链中高端，对我国企业通过 OFDI 来寻求先进技术提出了新要求。由于书稿已经完成，未能涉及新科技革命浪潮的新变化、新特征、新模式，敬请学术界和实务界的同仁提出宝贵意见，以便作者能够进一步完善现有研究。

作　者

二零一八年元月于浙江省委党校

责任编辑:陈　登

图书在版编目(CIP)数据

新科技革命背景下中国企业 OFDI 研究/潘家栋,肖文,陈昊 著. —北京:
人民出版社,2018.9
ISBN 978-7-01-019637-4

Ⅰ.①新…　Ⅱ.①潘…　②肖…　③陈…　Ⅲ.①企业-对外投资-研究-中国
Ⅳ.①F279.23

中国版本图书馆 CIP 数据核字(2018)第 179282 号

新科技革命背景下中国企业 OFDI 研究

XINKEJI GEMING BEIJINGXIA ZHONGGUO QIYE OFDI YANJIU

潘家栋　肖　文　陈　昊　著

人民出版社 出版发行
(100706　北京市东城区隆福寺街 99 号)

北京汇林印务有限公司印刷　新华书店经销

2018 年 9 月第 1 版　2018 年 9 月北京第 1 次印刷
开本:710 毫米×1000 毫米 1/16　印张:17.5
字数:210 千字

ISBN 978-7-01-019637-4　定价:52.00 元

邮购地址 100706　北京市东城区隆福寺街 99 号
人民东方图书销售中心　电话 (010)65250042　65289539